What's SPORTS MENTAL?
OKAZAWA, Yoshinori

「勝てない」のはメンタルのせいかもしれない

「メンタルってなんやねん！」

メンタルトレーナー
岡澤祥訓
奈良教育大学名誉教授

まえがきに代えて

月刊卓球王国が創刊してから28年経つ。創刊時から、大会報道、技術、グッズ、フィジカル、そしてメンタルとまんべんなくカバーした情報を提供したいがために、卓球のメンタルに関するコラムを岡澤祥訓先生にお願いした。

日本卓球チームのメンタルサポートをしていた経験と、卓球以外の知見を持つ岡澤先生の話は興味深いもので、それはアスリートや指導者だけでなく、会社での人間関係や親子関係にも当てはまることが多くある。

卓球は技術の習得度や正確性に依存する面もあるが、一方で274㎝の卓球台を挟んだ心理的なスポーツでもある。相手の緊張、息遣い、気合い、落胆、すべてがメンタルとして勝敗に直結する。

卓球王国からの岡澤先生のメンタルに関する書籍は2冊目で、1冊目は2001年に刊行した。その当時と今では社会環境も大きく変化し、特に学校、職場でのハラスメント行為は許されないものだ。また20年前と今では卓球をする子どもの環境に親が干渉することも増え、指導の現場はより複雑になっているとこぼす指導者や教員は少なくない。

スポーツ界独特の上下関係や勝利至上主義の弊害を理解しつつも、スポーツの原点である「楽しむこと」と、「勝利を追求し、勝利を勝ち取った時の喜び」を感じ取ることができるのか。スポーツにおけるメンタルの大きなテーマである。

本書のタイトル『メンタルって「なんやねん!」』は親しみやすい岡澤先生の雰囲気をそのまま使った。岡澤先生は選手たちへのメンタルサポートをする時に関西弁を使う。優しい笑顔とともに選手の言葉に耳を傾け、飾らない関西弁でやんわりと問いかけ、ポジティブな言葉で背中を押してあげる。

本書は卓球王国2022年7月号からの連載を章立てし、まとめたものだが、しっかりと読んでいただくと心の中で重さを感じていた石がひとつずつ吐き出され、心が軽くなるような気持ちになることを期待している。目に見えないメンタルが、あなたのパフォーマンスを向上させ、選手生活を輝くものにすることもできる。本書がその一助になることを願っている。

2024年8月　卓球王国発行人　今野昇

メンタルって「なんやねん！」

目次
Contents

まえがきに代えて …… 002

第1章 試合前・試合中・試合後のメンタル …… 009

選手のルーティン。大事なのは目標に向かって自ら考え、行動することだ …… 010
試合直前のメンタル。負けることを恐れていないか …… 018
試合の緊張をどうコントロールするのか …… 026
「これはしかたない」。エッジボールやネットインの時の怒りをおさえる …… 034
声を出し自分を鼓舞したり、失点のダメージを最小限にすることが重要 …… 041

試合前に言い訳を作り、「負ける準備」をする選手たち 048
団体戦を戦う。それぞれの役割とは何か 054

第2章 アスリートを持つ親のメンタル 063
親と子の関係。挑戦させるのか、重圧をかけるのか 064
子どもの幸せとは何か。あなたは卓球を押し付けていないか 072
「卓球がすべて」の価値観はすべての人に当てはまらない 079

第3章 指導者が気をつけるべきこと 087
ベンチコーチの60秒。選手を落ち込ませるのか、選手を励ますのか 088
体罰とハラスメント。そして、「怒れない指導者」の問題 096
大会までのカウントダウンは効果があるのか。緊張と焦りを作らないメンタル 102

目次
Contents

第4章 魔法の言葉はあるのか …… 109
自分を鼓舞する試合中のキーワード。「今やれることをやる」 …… 110
「才能」をほめるのか、「努力」をほめるのか …… 118

第5章 練習の時のココロ …… 125
わからないことを「わかりました」と言う選手たち …… 126
環境を言い訳にしているあなたは、負ける理由を探している …… 138
「練習をやらずにはいられない」選手たちと、「言い訳作りの怪我や故障」をする選手たち …… 146
休んで強くなることがあるレミニセンス効果とは？ …… 154
突然、打球動作がおかしくなるイップスとは何?「思い込みイップス」はすぐ治る …… 162
「考える力」を持つ選手が大学、社会人、そして将来強くなる …… 170

第6章 勝者と敗者のメンタル……179

打たないで後悔するのか。打って反省するのか。攻めるんだ！……180
負けた時の態度が大切。なぜ選手は落ち込むのか……187
壁を破れない選手がいる。目標の前で守りにならずに「心の壁」を越えていこう……194
ダブルスのメンタル。「すみません」は禁句……202
「アンガーマネジメント」、選手は試合中の怒りをどう抑えればいいのか……210
「負けられない重圧」と「試合を楽しむ」こと……216

あとがきに代えて……224

※本書は『卓球王国』に連載中の『卓球のメンタルって「なんやねん！」』（2022年7月号～2024年9月号まで）をまとめたものです

※選手の所属などは一部、掲載当時の所属を記載しています。また、文中の敬称は一部省略させていただいています

第1章

試合前・試合中・試合後のメンタル

What's SPORTS MENTAL?
OKAZAWA, Yoshinori

選手のルーティン。大事なのは目標に向かって自ら考え、行動することだ

ルーティンは緊張をほぐす効果はあるが、これができない時には逆にマイナスになる

昔、プロ野球選手のメンタルサポートをしようとしたら、その選手が自分の年俸の何割かを払うと言い出したことがあります。私は当時国立大学に勤めていて、「お金はもらいません」と言いました。そうしたらその選手の彼女に「お金をもらわないなんて、その岡澤先生は変な宗

教の人じゃないのか」と疑われたそうです。そこで宗教とメンタルサポートの違いを説明しました。

それでは、宗教とは何でしょう。健康や幸福を願い、祈《いの》りを捧げ、救いを求めるのが宗教だとすれば、メンタルサポートはお祈りすることではなく、選手自身が何をすればうまくいくのか、その選手に積極的に働きかけ、パフォーマンスを高めることが目的です。

人間は弱いものなので、何かをやろうとしたら不安がつきまといます。それを祈りによって和《やわ》らげるのが宗教であり、自然の中で山に手を合わせることや、神社にお参《まい》りすることは不安を和らげてくれます。すなわち宗教は他力本願であり、メンタルサポートは選手が自立して自分をコントロールできるようにサポートすることなのです。

宗教での祈りにどこまでの効果があるかは私にはわかりませんが、メンタルサポートで行うリラックス法や呼吸法は根拠があるものです。「おれの言うことを聞いていたら大丈夫だ」と選手に言って、選手がその指導者を信じていたら、その人（指導者でも）は宗教の教祖のような存在になります。その人がいる時には良いのですが、いない時には大変です。

スポーツの世界では、どうしても試合での勝ち負けや記録など結果が気になります。「試合で勝てるのかな、負けたらどうしよう」と不安になり、「負けられない」と思った瞬間に気持ちが守りになってしまいます。メンタルサポートの役割というのは、背中を押すことで、選手を積極的な気持ちに変えることです。

しかし、誰もがメンタルサポートを受けられるわけではないので、神に祈ることによって不安を取り除く人もいれば、いつもと同じ行動をする「ルーティン」を行うことで緊張を解《と》きほぐす人もいます。ルーティンは普段と同じ気持ちでプレーができるようにするのが狙いです。縁起担《えんぎかつ》ぎもそうです。試合の日に右足からシューズを履《は》くとか、試合の日は遠回りだけど、違う道を歩いていくとか。そういったことをやることで心が落ち着いて、今までもそれで成功したから、今回も同じことをやって、それによってプラス思考でプレーができると思えるのです。

ラグビーの五郎丸歩さん（元日本代表）がキックする前の所作《しょさ》で注目を浴びましたが、あれはキックをする前の彼自身のルーティンでした。メジャーリーグで活躍したイチローさんもバッターボックスに入る所作は常に同じでした。

ルーティンには緊張をほぐす効果はありますが、その一方でこれができない時には逆にマイナスになってしまうことがあります。

実際にあった話ですが、実業団の野球選手で、試合前に何種類かのドリンクを用意している選手がいました。ある日、そのドリンクが揃《そろ》わなくて、「先生買ってきてもらえませんか」と焦《あせ》った状態になりました。しかも、コンビニなどですぐに買えるドリンクではなかったのです。夜中まで探してもありませんでした。

このように、いつでもできるルーティンにしておかないと、不安が増幅《ぞうふく》して、「明日試合ができない」とある種のパニック状態になってしまいます。ルーティンで用意するものがあるとしたら、簡単に調達できるものにすべきです。

卓球選手でも過剰《かじょう》に「負けられない」「勝たなければいけない」と思ってしまうことで、「五輪の魔物」「全日本の魔物」を作ってしまうことがあります。

ある選手は心の中で祈ったり、ルーティンで心を落ち着かせようとします。それもひとつの方法です。そして、最終的には、選手は自分自身を励《はげ》まし、自ら考え、積極的な行動をすることが何より大事なことです。

誰かの言葉を待つ選手ではなく、自分で考え、自分で行動できる選手であるべきだ

私が指導していた選手たちの中にも、私が言わなくても自分なりのルーティンを行っていた人は多くいました。ただ、ラグビーの五郎丸さんが活躍して以後、「スポーツ選手のルーティ

ン」が脚光《きゃっこう》を浴び、選手のほうから私に「何か自分なりのルーティンを作りたいのですがどうでしょう」と相談してくることが増えました。しかし、単なる儀式では意味がないのです。試合に入っていくためにどうやったら集中力が高まるのか、緊張を解いてリラックスできる行動や所作をルーティンにすべきでしょう。

逆にメンタルサポートに依存する選手もいました。たとえば、1990年代、まだスポーツ選手へのメンタルサポートが一般的でない時代に、当時四天王寺中3年だった武田明子選手、川越真由選手（2001年世界選手権女子ダブルスメダリスト）のメンタルサポートを担当したことがあります。

すでに川越は中学2年で全中で優勝、武田もその年に全中で優勝しました。2年間、毎週のように私の研究室を訪れ約3時間ほど話をしました。大会での結果も出て、「全中で優勝したい」という目標から、「世界でメダルを獲る」という目標に引き上げ、それを紙に書いてもらいました。彼女たちはまだ子どもでありながら高い問題意識を持っていました。ところが、うまく軌道《きどう》に乗ってくると、二人のほうから「先生、次はどうしますか？」と聞いてくるようになりました。

メンタルサポートというのは結果が出なければ、選手のほうから「（結果も出ないし）もうメンタルはいいです」と言ってくることもあります。武田・川越は結果が出始めると、「次はどうしま

2001年世界選手権大阪大会で26年ぶりの女子ダブルスでのメダルを獲得した武田明子（右）・川越真由のダブルス

すか?」と言ってきました。そこで私が「もう二人は2年間、毎週のように私のところに来ていたから、もう来なくてもいいです。自分たちでできますから」と伝えたら、「先生は私たちを見捨てるんですか?」と言ってきました。「それは違う。見捨てるのとは違う」と説得したのですが、その時にあまり選手たちに依存させるメンタルサポートやアドバイスはプラスにはならないと実感しました。将来を考えたら、選手が依存するのではなく、自立していくことが重要です。

もちろん私は彼女たちを見捨てたわけではなく、ときどき話をするという約束で、それからも必要な時にはメンタルサポートをしていました。彼女たちは少しずつ自立しながら競技を続けたことで、二人が紙に書いた「世界でメダルを獲る」という目標を実現できたのでしょう。

また、これまで見てきた選手では、女子のほうが依存度が高いと感じていましたが、最近は男子でも依存する選手が出てきました。今までの男子選手は、こちらがアドバイスをしてもやってくれない選手が多くて、「一度やってみなさい」と言うこともありましたが、最近は傾向が変わってきました。

誰かが指示を出せばやれるが、指示を出さないとできない選手では困ります。誰かの言葉を待つ選手ではなく、自分で考え、自分で行動できる選手であるべきです。「私はこう思いますが、先生はこれに対してどう思いますか」「先生、次はどうしますか」という質問は良いけれど、指示を受けるだけの選手では競技力も上がっていきません。言われたことだけしかできないので、結局は考えることのできない選手になります。選手が考える前に指導者が指示を与えてしまうと、考えられない選手になるので注意が必要です。

試合直前のメンタル。負けることを恐れていないか

「勝ちたい、負けたくない」と強く思っている人は過度な緊張状態になりやすい

大会が近づくと食欲が落ちたり、夜眠れなくなる選手がいます。試合によるストレスで緊張状態になっているからです。

特に、試合結果を気にする選手ほど試合前に緊張が襲《おそ》ってきます。つまり「負けたくない」

と強く思っている人です。逆に負けることを恐れない人は良い精神状態でコートに立てます。たとえば、県内の優勝候補、全国の名門校となれば、他のチームや選手よりも「自分たちは優勝を期待されているから負けられない。勝たなければコーチに怒られる」というマイナス思考になることがあり、過度の緊張状態になることが少なくありません。

オリンピックに出場した選手がよく「オリンピックには魔物《まもの》がいます」とコメントすることがあります。

魔物とは何でしょう。それは目には見えないプレッシャーです。4年に一度のオリンピック。人生でオリンピックに出ることも、メダルを獲るチャンスも一度しか来ないかもしれないと選手たちは考えます。「このチャンスを逃すと、もう二度とメダルを獲るチャンスは来ないかもしれない、だから負けられない」という強烈なストレスがかかってしまいます。

大会前にメダル候補と言われていた選手が早めに負けてしまい、誰も期待していなかった選手があれよあれよという間に勝ち上がり、メダルを獲ることもあります。それは実力もさることながら、「負けられない」と思う精神状態と、「思い切ってやればいい」という精神状態の違いかもしれません。

選手が試合前に音楽を聴《き》いてリラックスしようとするのは、音楽を聴くことで試合のことを考えすぎない、過緊張にならない状態を作ろうとしているのです。ところが選手の家族の言葉や、コーチの何気ない言葉が影響を与えることもあります。「負けたらだめだぞ」「次の試合は絶対勝たないといけないぞ、みんな期待してるぞ」というような言葉は、励ましではなく、選手に緊張を与えているだけで、選手はそれで発奮《はっぷん》するのではなく、むしろ萎縮《いしゅく》してしまう要因になります。

オリンピックや世界選手権の時に、卓球選手に限らず、メンタルサポートをしている選手から夜中にメールや電話で「岡澤先生、全然眠れません、どうしましょうか」と連絡が来ることがあります。不安を抱《かか》えたり、腹が立つことがあると、夜眠れなくなる経験をしたことは誰にでもあるでしょう。

試合前日のベッドで「明日の1球目のサービスはこれを出そう、次はこうしよう。2球目のサービスはこれでいこう……」と考えていたら、次の日の朝になっていた、という話を選手から聞いたことがあります。「試合では思い切ってやればなんとかなる、とにかく思い切ってやるだけだ」と思える人は大会数日前でも前日でも眠れるし、食欲が落ちることもない。ところが、「このサービスを出したら負けるかも」「この作戦では勝てないかも」「相手がこうやって来たらどうすればいいのか」「もし負けたらどうしよう」というネガティブに考え始めると緊張状態になってしまいます

私がナショナルチームの遠征に帯同していた時期には、食堂に誰よりも早く行き、選手たち

の食べる様子《ようす》を見ていたことがあります。試合当日の朝食の様子を見ているとその選手の精神状態がわかります。食事の内容ではなく、食べ方や食べる量で、この選手はいつもと違う、緊張しているなとわかります。

そういう時に、選手にスーッと寄っていき、「緊張してるんか？」とは聞けないので、「調子はどうや？普段と違うな」と言うと、「そう見えますか？」と返してくる選手もいます。声をかけたことで「実は……」と話してくれた時に、選手の緊張やストレスを緩和《かんわ》させるように、「結果を気にしすぎるなよ」「今できることをやればいい」という言葉掛けをします。

親も指導者もチームメイトも、苦しい場面で攻めたことをほめるべきです

卓球はひとりで記録を作る競技ではなく、常に相手がいる競技で、それによって勝つか負けるかは自分ではコントロールできません。ならば、自分のできることを最大限にやるしかない。先に結果を気にしすぎるのではなく、まず自分がやれることをやりましょう。このサービスを出そう、こう攻めようと考えることは自分でもできる。その先は相手もいるので自分ではコントロールできない。だからまず、自分のやりたいことを実行することが大切です。

また、指導者の言動を見ていると、選手のことを気にかけているのですが、何気なく口に出た言葉に選手が反応してしまうことはあります。

試合に送り出す時に「○○に気をつけろよ」「これやったらだめだぞ」と否定的な言葉が口に出ると、選手はそのネガティブな言葉に反応してしまいます。

これは親もそうです。「たくさん食べてね」「早く寝てね」くらいはまだしも、「明日は負けられないぞ」「○○したらあかんよ」という言葉掛けは逆効果です。

私は「負けてもいいから自分の思ったとおりにやってごらん。それができたらあなたは勝てますよ。勝負なんだから負けることもあります。でもやれることをやって負けたらそれはしかたない」と言います。

負けた選手が陰《かげ》で「あの時、監督があんなことを言うから負けたんだ」という声も耳にします。「負けても大丈夫だよ」と言って、喜んで負ける選手はひとりもいません。親や指導者も自分の心配なことを選手にぶつければ、選手はさらに心配になるだけです。親や指導者、周りの人は選手の心配やストレスを取り除くことに留意《りゅうい》しましょう。もし負けても選手ひとりが責任を負うのではなく、親や指導者、チームメイトも負けた責任を一緒に分担してあげればよいのです。

さらに、小さい頃に、体罰を受けたり、怒られすぎている選手は少なくありません。そうい

「9-9になったら攻めなさい」と両親に言われて育った石川佳純さんは、勝負強い選手になった

う子どもは大人になってから、もしくはその過程で、負けることを異常に恐れる選手になったり、「負けて怒られる」ことがある種のトラウマになっているケースもあります。このように「負けたらだめだ」「失敗したら怒られる」ということが頭にこびりついている選手は、負ける理由を探して「言い訳」を作ります。負ける理由作りなので、前向きに次に進めません。勝ちたいと思う以前に、「負ける恐怖」を感じているのです。逆に、怒られずに伸び伸びと育てられた選手は、負けたとしても「次はこうしよう」と考えられる選手になっていきます。

試合直前で緊張する選手は、試合の競り合いの場面でうまく攻められないことがあります。なぜなのか。それは「失敗したらだめだ」と思っているからで、私は「そういう苦しい場面ではあなたは攻めるべきです、攻めなさい」と言います。どう攻めるかは自分で考えれば良いけれども、守りにならないようにしましょう。

守りに入るのは、失敗を恐れているからです。たとえ、競り合いで攻めてミスをしたとしても、親も指導者もチームメイトも怒るのではなく、苦しい場面で攻めたことをほめるべきです。

「よくあそこで攻めたな、思い切り打ったな、ミスはしたけどあれはよかったぞ」と言ってあげれば選手は前を向いて卓球ができると思います。

試合の緊張をどうコントロールするのか

緊張しないためには、この試合で自分が何をしたいのか、何をすべきなのか、どんな試合をしたいのかに集中することが大切

初めて卓球の試合に出る子どもたちだけでなく、強い選手でも試合で緊張するのはよくあることです。

そもそも選手はなぜ緊張するのでしょう。本当に緊張してしまったら、呼吸法や筋弛緩法《きんしかん》でリラックスさせるやり方がありますが、緊張しないように気持ちを持っていくことが最も重要なことです。

強くても弱くても、緊張するのは「勝てるかな、負けるのかな」と結果を気にした時です。大会に出れば、優勝者以外の選手はどこかで負けるわけです。それでも「負けたくない」と思って、結果を気にした段階で選手は緊張します。緊張しないためには、この試合で自分が何をしたいのか、何をすべきなのか、どんな試合をしたいのかに集中することが大切です。たとえば、1本目のサービスをどう出すかということに集中するとか、その先の結果を考えすぎないようにしましょう。

試合が始まる前に音楽を聴いている選手がいます。あれは音楽を聴くことによって試合の結果を考えないようにしているのです。

昔、JOC（日本オリンピック委員会）の研究プロジェクトで、「試合前にどんな音楽を聴いたら良いのでしょう」というテーマがあって、リラックスさせるために鳥のさえずりとか、小川のせせらぎとか、そういう音を選手に聴かせたことがありました。そこで出た結論は「選手が自分の好きな音楽を聴く」というシンプルなものでした。

自分の好きな音楽を聴くことで興奮しても構わない。音楽を聴くということはリラックスさせるために行うことではなく、選手が試合の結果を過度に気にしないための行為なのです。試合のことから離れるために聴いているのです。

水泳の選手でも、レースの直前までヘッドホン、イヤホンで音楽を聴いている光景を見たことがあるでしょう。あれはレース直前まで、「スタートで失敗しないか、レースの結果を気にしすぎないため」に聴いているのです。

つまり「ルーティン(決まった手順・所作)に集中することによって、試合の結果を気にしない」という側面もあります。

五輪メダリストの水谷隼さんは試合前に音楽を聴かないということを聞きました。それは音楽を聴かなくてもこれから自分がやるべきことに集中できているという意味でしょう。音楽の力を借りなくても自分のメンタルを制御している証拠で、彼のメンタルはすごいものです。

試合の始まる前から「勝つか負けるか」を心配するのは良くない

中学生、高校生に「試合前、何をしてる?」と聞くと、「友だちとしゃべったりします」と答えてくる子もいます。それもひとつの方法です。指導者によっては「試合前にしゃべらずに、体を動かしておけ」と言う人もいます。それは体を動かすことで次に自分がやるべきことに集中するためであって、それによって試合の結果を考えすぎない、その考えから離れるためかもしれません。

試合の始まる前から「勝つか負けるか」を心配するのは良くありません。「試合前、その時にやるべきことをやりなさい」と選手にアドバイスすることもあります。

たとえば名門校の選手というのは、周りからの重圧を感じたり、指導者からの期待と重圧を受けるかもしれません。卓球の強豪校・愛工大名電の選手たちに私が言ってきたことは「君は普通にしたら勝てるから普通にやりなさい。特別なことをしなくてもいい。でも、普通にできへんようになったら負けるかもわからんね。だから、もうええから、いつもどおりに試合をしなさい」。こう言うと選手は結構落ち着きます。

周りや指導者から試合前に「おまえ絶対勝てよ、負けたらあかんぞ、おまえ負けへんやろな」「相手のあのサービス、気ぃつけておけや」というようなことばかり言われたら選手は緊張します。「普通にやりなさい」という言葉がキーワードになります。「普通にいつもどおりにやれば勝てるから大丈夫」と指導者が選手を送り出すと、少しは選手の緊張を和らげることができると思います。

指導者は、「やることやって負けたらしゃーないな。やることをやらずに負けたら最悪やから、思い切ってやりなさい」と言ってあげてみてください。

仮に負けたとしても、やるべきことをやって負けた試合と、やるべきことをやらないで負けた試合では楽しさは全然違います。そういう言葉で送り出した結果、インターハイの上位に入った選手もいます。

試合前に眠れなくなったら、自分の呼吸に集中。
それでも眠れなかったら、
目をつむって休んでいるだけで大丈夫

試合の前から緊張して、夜眠れなくなるというケースもよくあります。オリンピックやパラリンピックの宿舎から電話をかけてくる選手がいます。「先生、緊張して眠れません」と言ってくるので、「まず部屋の電気を消そう」と言います。

「目をつむりなさい。そして自分の呼吸に集中しなさい。そうすれば眠れます。もしそれで眠れなくても、目をつむっていたら体は休まるから、明日の試合はそれでもちます」と言います。電気を消すこと、テレビも消すこと。いろいろなことを考えるから眠れなくなるのです。

「1本目のサービスをどうしようか、どんな作戦でいこうか」と考えてしまうと眠れなくなりま

2016年リオ五輪での石川佳純。試合前に音楽を聴きながら時を過ごす

す。自分の呼吸に集中することで何も考えないようにすると眠れます。

私の研究ではないのですが、以前オリンピック前の選手の脳波や唾液《だえき》を分析したら、2カ月くらい前から体に変化が起きているという結果がありました。オリンピックを前にして、「本番にどうやってピークを持っていこう」とか「オリンピックの前に風邪《かぜ》を引いたらどうしよう」というように考えすぎることが選手にとっての重圧になってしまうケースです。

大会の2カ月前に考えてもどうしようもないことを、大きな大会前に選手は考えてしまうのです。

「自分が今やるべきことに集中しましょう。自分がやることをやったら結果はなるようにしかならない。やれることをやらないで試合で負けるのは良くないのだから、思い切ってやったらどうですか。やることをやって、それで負けたら次は、どうすれば良いのかを考えることができるでしょ」。指導者が選手にそう言ってあげれば良いのです。やるべきことをやらないで負けたら、次に進むことができません。

選手が試合前に「ぼく負けたらどうなるんですかね」と聞いてくることもあります。「そうしたら家に帰ればいいよ。おれんところに来るなよ」と言うと、「また先生、そんなこと言って」と笑って終わります。

2012年ロンドン五輪が終わった後、2016年リオ五輪に向けて、水谷隼選手から相談を受けて、前述したような「結果を気にしすぎない」ことや、緊張した試合での深呼吸の方法や筋弛緩法を伝えたことがあります。彼はオリンピックの時に筋弛緩法を実践していました。同様に、吉村真晴選手にもアドバイスして、彼も試合中に筋弛緩法を使っていました。

コートに立てば、緊張することはあります。簡単な筋弛緩法で、肩を上に上げておいてストンと下に落とすやり方があります。実際に試合中にそれをやったからといって、すぐにリラックスすることは難しい。しかし、「肩を上げてストンと落とすとリラックスできるはず」という、良い意味の暗示として選手が思い込んで、力を発揮できることもあります。

先日、10歳以下の選手の合宿に呼ばれました。10歳以下ということは小学3、4年生ですから、メンタルのことを言っても子どもたちは理解できるのだろうかという声もありました。彼らには、「勝てると思った時こそ、攻めていかなければならない。勝てると思った瞬間に選手は守りになるものだから」と話をしたら、子どもながらにも理解できたようでした。そして筋弛緩法や呼吸法の話をしたら、試合中に多くの選手が筋弛緩法や深呼吸を行っていました。

緊張した試合で、緊張した場面で「結果を気にするな、やれることをやればいい」とアドバイスしたとしても、コート上で選手の考え方を変えるのは難しいものです。ただ、筋弛緩法や呼吸法を取り入れ、それを実践することで選手自身が「筋弛緩法や深呼吸もしたし、よし、少しリラックスできたぞ」と思えることもプラスになります。

「これはしかたない」。エッジボールやネットインの時の怒りをおさえる

エッジボールやネットインをもらったら、深呼吸して気持ちをリセットしよう

以前、試合中に相手のエッジボールやネットインでカーッと怒ってしまってプレーがおかしくなる選手がいました。瞬間的にカーッとなり、そこから崩《くず》れてしまうのです。

卓球の試合ではエッジボールやネットインはいつでも起こることで、しかたのないことです。そこで、その選手にはエッジボールやネットインで失点した時には深呼吸をしっかり行い、気持ちを落ち着かせてから次の一球に入るようにアドバイスしました。そうしたらその選手は全国大会の決勝でもコートで何度も深呼吸をしていたそうです。その選手は怒ってしまっては良くないと自覚し、自分のメンタルを落ち着かせようと努力したのでしょう。

エッジボールやネットインにカーッとしない選手はいません。相手が狙ったわけでもないのに、自分の怒りが相手に向かっていきます。ところが、カーッとなった瞬間に、選手は冷静さを失い、勝つ方法を考えることができなくなるのです。そこで深呼吸することで、気持ちをリセットして、次の1本に集中することが重要です。

私は卓球の技術や体力については専門家ではありませんが、全国で活躍している選手たちと会って話をしても、まだ「普通の子ども」です。メンタルの強い選手たちではありません。ということは、メンタルを鍛《きた》えればもっと強くなるでしょうし、まだまだ伸びしろがある選手たちです。

プロ野球のメンタルサポートをしていた時に、あるピッチャーが登板しました。球団のスタッフからも「彼は今年調子良いですよ」と聞いていたのですが、その試合でランナー一塁の場面で、次の送りバントをキャッチャーが焦って、二塁に送球してセーフ。その後、ピッチャーは相手チームに連打を許してしまいました。

試合後、そのピッチャーに「落ち込んでんのか」と聞いたら、「はい」と答えたので、「こんなんで落ち込むな！」と厳しく言ったら、「先生、今日だけは落ち込ませてください」と言ってきたのです。「そうやな、あんなに頑張ってきて、あれ（キャッチャーのミス）やられたら腹立つよな。でも落ち込むのは今日だけにして、明日元気に会おうな」と言いました。

他の場所でチームのエースピッチャーがマッサージを受けていたので、「おまえ、さっきの場面、見てたんか。おまえならどうする？」と聞きました。「しょうがないですよ。あれだけ入れ込んでマウンドに上がって、あんなミスをされて、『このボケ！』と怒ってしまったらまともに投球できませんよ。『これはしかたないわ』と思うしかないですよ」と答えてくれました。

まさにそれが答えです。自分以外の選手のエラーや、卓球のエッジボールやネットインは自分の力ではどうしようもできないことです。「しかたない」と自分に言い聞かせるしかない。だから前述した卓球選手にも、どうすることもできないボールが来てミスをしたら「しかたない」と一度深呼吸することを勧《すす》めました。

大きくリードをしていて、そこから逆転負けする時、勝つ方法を考えることが停止した状態になっていないか

メンタルの強い選手というのは「自分で強くなりたい」「自分が明確な目標を持っている」ことをしっかり口に出せる選手です。選手たちと話をしていると、「このおっさん何を言ってるんだろ。そんなこと言われても、できないものはできないから」と思っている選手もいますが、「できないけどどうしたらいいいんですかね」と食らいついてくる選手は強くなります。過去の例で言うと、松下浩二選手（元世界選手権メダリスト）とか、水谷隼選手（東京五輪金メダリスト）です。

1980年代に日本卓球協会の強化本部に関わった頃に、私は忘れていたのですが、松下浩二選手を見て、「あなたはメンタルが強いからサポートはいりません」と私が言ったと、後日、本人に言われました。

彼はカットマンでしたが、試合の大事な場面では積極的に攻撃で決めに行く。それを見た時に相当にメンタルが強いと感じたことは覚えています。「今はメンタルサポートはいらないか

ら、もしメンタルサポートが必要になったら私のところに来ればいい」と彼に言ったらしく、松下選手は当時、彼自身の明確な目標を持っていたのでしょう。

　２０１６年リオ五輪の前に、卓球の代表選手を集めて講義をしたことがあります。その中で「水谷もこうしたことがあったな。福原（愛／五輪メダリスト）も大変だったな」と例を出しながら話をしていました。ところが、中学生だった伊藤美誠選手（東京五輪金メダリスト）はあまり実感のない顔をして聞いていたので、「君もそのうち他の選手と同じように緊張する場面が来るからな、しっかり聞いておきなさい」と言ったら、「私はそうなりません」と言ってきました。「この中学生はなんだろう」と思いました。

「私はそんなふうになりません」と伊藤選手が言った時に、私は「君は試合中に何を考えてんねん？」と聞いたら、「私は試合中、どうしたら勝てるのかということしか考えていません」と言ってきました。「君は強いな。それでいいよ、君の強さは私は認めるよ。でも、それがいつ、どういう場面でもできるようにするのがメンタルなんだ」と彼女に伝えました。

　それだけのことをみんなの前で明確に言えるだけでも伊藤選手は強いメンタルの持ち主と言えます。しかしその後、彼女も発展途上の段階で五輪や全日本選手権でも逆転負けを喫《きっ》したことがありました。そのことに関して本人と話をしたことがないので、何とも言えませんが、「自分は勝った」と思った瞬間に守りに入り、逆転を許してしまうケースではなかったでしょ

強いメンタルの持ち主、伊藤美誠は明確に自分の考えを口に出せる
（写真は2021年東京五輪）

うか。

私が伊藤選手に聞きたいのは、講義の時に彼女が「試合中はいつでも勝つことを考えている」と言いましたが、試合中に勝てると思った瞬間に、勝つためにどうするかを考えることがストップしないだろうかということです。

彼女の力からすれば負ける相手でない選手にもし負けているとしたら、「勝つ方法を考えることがどこかでストップしていないのか」。そういう場面での彼女の心理はどうなのだろうということがメンタルトレーナーとしては関心のある部分です。

大きくリードをしていて、そこから逆転負けする選手はいます。周りの人からすれば、「油断した」と見えるかもしれません。しかし、五輪や全日本選手権という大きな舞台で「油断」をするでしょうか。私はそう思いません。

それは油断ではなく、「勝つ方法を考えることが停止した状態」に陥《おちい》った時ではないでしょうか。

声を出し自分を鼓舞したり、失点のダメージを最小限にすることが重要

試合中に声を出すということはある種の「セルフトーク」で、自分を鼓舞するための手段

試合中の態度というのは選手のプレースタイルのように千差万別《せんさばんべつ》で、選手によってさまざまです。感情が表に出る選手もいれば、表情が変わらない選手もいます。一概《いちがい》に「このやり方が

良い」とは言えません。

自分を奮《ふる》い立たせ、自分のメンタルをプラスに持っていくために声を出すのはもちろんプラス効果です。ところが、ガッツポーズの反動で、ミスした時の表情がマイナスに動くと、卓球においては相手にスキを与えることになります。自分の弱点を突かれて失点した時に表情に出てしまえば、相手は「あそこに打つと嫌《いや》なのか」ということに気づきます。いつでも勝てるような選手になろうと思ったら、メンタルの上下動はないほうが良いでしょう。

1988年ソウル五輪前に、日本卓球協会から依頼され、選手のメンタルをサポートしました。女子日本代表の中に石田清美さんという選手がいて、彼女は表情を変えないポーカーフェイスの選手でしたが、石田さんと「得点した時に声を出して、勢いを出していこう」と話をしました。そして、試合中の彼女を何台かのビデオカメラで追いかけました。そうすると、一見ポーカーフェイスに見えた彼女が、失点した時に顔をしかめるシーンがありました。得点してガッツポーズを出すのは良いけれど、卓球は早いテンポで試合が進むので、失点した時にがっくり落ち込まないほうが良いはずです。

理想は失点しても表情に出さないポーカーフェイスの選手かもしれませんが、誰もがそれをできるわけではありません。得点してガッツポーズをすることで勢いに乗って、ゲームの流れをつかんでいくことも時には必要です。

ある強い選手に「試合でリードしていて、勝てるだろうと思った瞬間に守りになることはないか」と聞いたことがあります。その選手はきっぱりと「ありません」と答えました。「どうして?」と聞いたら、「声を出して相手に向かっていけるから」という答えでした。声を出すことでポジティブな気持ちになれるケースです。

試合中に声を出すということはある種の「セルフトーク」で、自分を鼓舞《こぶ》するための手段です。声を出せないからダメだというものではなく、普段からおとなしい選手はコーチからもっと声を出せと言われても、なかなか声を出せないものです。そういう選手は声を出さなくても良いので、自分自身を励ます方法や、落ち込みそうになった時に気持ちを切り替える方法を見つける必要があります。声を出さなくても、たとえば手で足をパチパチと叩《たた》くとか、そういう自分だけの所作《しょさ》でも良いでしょう。

最近好調の篠塚大登《ひろと》(愛知工業大/パリ五輪代表)は愛工大名電中の時から何度かサポートしていましたが、もともとおとなしい選手で、試合中もポーカーフェイスの選手でしたが、マイナス思考に陥りやすい傾向がありました。ところが、最近会った時に少し話をしたら非常に落ち着いてきて、中・高時代の彼と比べても、自分なりに気持ちを切り替える方法を身につけたようにも感じました。

失点してため息をつくのではなく、いかに次の1本に向けてポジティブに気持ちを切り替えるのかがとても大切

試合中に声を出すことの目的は、弱気になって攻められなくなった時に、声を出すことによって自分を奮い立たせて、向かっていける、攻めていけるような気持ちになることです。誰もが、勝ち負けの結果を心配するものですが、結果を気にせずに力を振り絞《しぼ》れと自分に声をかけるセルフトークとして、声を出すことは有効です。

試合中に弱気になった時に「ヨシ、行くぞ!」と声を出すことで「燃える状態」を作っているのです。とはいえ、あまりに自分が興奮状態になり、冷静さを失うことも良くないし、ましてや相手を威嚇《いかく》するのはやりすぎです。わざわざ相手コートのほうに歩いていって吠えるようなガッツポーズをするのは目的も違うし、スポーツマンシップという点でも良いことではありません。得点した時に声を出すことは、あくまでも自分の心をコントロールするための手段です。

卓球以外の競技でも、試合がスタートする時や投擲《とうてき》の瞬間に声を出すとか、スキーのアルペン競技でもコーナーを回る時に大声を出して気合いを入れ、踏ん張るシーンを見ることがあり

ます。バレーボールで得点した時にみんなで喜び合うのもチームを勢いづかせるために重要なことです。

卓球の場合は個人競技でありながら、その中に団体戦もあり、ダブルスもあります。チームを盛り上げ、ダブルスでパートナーと喜びを分かち合い、鼓舞するために声を出すことが重要になります。つまり声を出すことはチームに良い雰囲気を作り、ダブルスのペアの勢いをつけることにもなります。

得点した時にはどういう選手でも声を出せるし、勢いに乗れるけれども、失点した時にはどうするのか。失点した時の態度こそ、試合の流れを変えることになります。失点した時に、しかめっ面をするとか、首をかしげるとか、ため息をつくと気持ちが落ちてしまうので、試合の中での気持ちの切り替えが重要です。

失点した時、苦しい時、気持ちが落ち込みそうな時に笑顔を作ることもひとつの方法です。監督からすれば、「なんで失点しているのに笑顔なんだ」と怒りたくなるかもしれません。しかし、失点して首をうなだれたり、落ち込むよりは笑顔を作るほうが気持ちはポジティブになります。

また、トップ選手になると失点した時でも、「大丈夫、大丈夫」というように、うなずいている選手を多く見かけます。点は取れなかったけど、やっていることは間違いではないという確認

ポーカーフェイスの篠塚大登。「今は試合中に自然に声が出るようになりました」と本人が言うように、試合の大事なところでは無意識に声が出るようになった（写真は22年3月の LION CUP TOP32）

のための所作かもしれませんし、気持ちを前向きにするための仕草《しぐさ》のように思います。失点して落ち込むのではなく、いかに次の1本に向けてポジティブに気持ちを切り替えるのかがとても大切なことなのです。

他にも、失点した時に、少し間をおいてベンチや応援者が拍手することも選手を励ますことになります。最近ではそういう光景をよく見かけるようになりました。これは応援しているチームメイトやコーチが選手を鼓舞する方法のひとつです。

応援する人たち、そして選手にとってのキーワードは「今やれることをやる」という気持ちです。失点した時や、苦境に陥った時に「今やれることをやろう！」と口に出すことで気持ちは前を向いていきます。

卓球はおよそ3mの距離で相手と対峙《たいじ》して戦う心理スポーツです。声を出すことで自分を叱咤激励《しったげきれい》して勢いをつけたり、失点した時のダメージをコントロールすること、気持ちを瞬時に切り替えることが勝敗を決めるスポーツなのです。

試合前に言い訳を作り、「負ける準備」をする選手たち

負けた原因、うまくいかない理由はどこにあるのか。自分自身で改善し、努力する方向に向かっていこう

物事の結果の原因を何のせいにするのかが、「原因帰属《きぞく》理論」です。うまくいかなかった時、試合で負けた時に「運」など、自分がコントロールできないものに帰属させるのではなく、自分

がコントロールできるものに帰属させるべきではないでしょうか。

「じゃあ、コントロールできるものはなんですか」というと、それは「努力」です。「努力が足りなかったから負けました」ということが負けた時やうまくいかなかった時の理由であれば、「それなら努力しましょうね」となります。

ところが、負けた理由を、「運がなかった」「相手の調子が良かった」「床が滑《すべ》った」「照明が暗くてボールが見えなかった」というように自分以外のものに求めてしまうと、「自分は悪くない、負けたのは自分のせいではない」となってしまい、いつまでも改善できません。

よく日本のスポーツ選手は「負けたのは自分のせいです。自分がしっかりやれば勝てた。他の選手のせいではない」と言うことが多いのですが、これは本当にそう思っているかどうかは別にしても、そう言っておけば、その場が収まるとかチームがまとまると思っているのかもしれません。実際にそうであれば。言葉にするだけではなく、自分の何が悪かったのかを分析し、改善すれば良いでしょう。

床、ボール、照明、卓球台……という自分以外のものに原因を押し付けても、相手も同じ条件で試合をしています。選手がそう言った時に、その選手が本当にそう思っているのでしょうか？　本当は自分が悪かったと思っていながら、言い訳という逃げ道を作っているのかもしれません。でも、本来は同じ条件であれば敗因は自分にあるし、仮に「相手のボールに合わなかった」「初めての用具の選手と対戦した」としても、その対策をしてこなかった自分のせいかもしれません。もしかすると、すべての原因を自分が背負うとメンタルがもたないからそう言っているのかもしれません。

こういう選手のメンタルサポートをする場合、「○○の理由で負けました」と言ってきたら、「じゃ、次はどうしますか?」と質問を返して、問題解決の方向、努力する方向に向かわせるようにしましょう。選手自身以外の部分の原因を言ってきて、「そうだよね、それでは勝てないよね」と同調してしまうと、選手は常に言い訳を探すようになってしまいます。

特にチームのエースが負けた時に、その選手はエースとしてのプライドがあるために、なかなか「負けた原因はすべて自分のせいだ」とは認めにくいものです。しかし、負けた原因、うまくできなかった理由を自分がコントロールできないものに持っていってしまうと、努力する方向が見えなくなります。つまり、その選手が本当に問題解決するためには、その原因が自分の中にあるのではないかと問いかけて、努力する方向へ導くことが大切です。

強くなる方法はいろいろある。重要なのは、強くなるために努力すること

親からの期待、コーチからの期待、周りの期待がふくらんで、その期待が重圧に変わり、選手が負けた原因を何かのせいにして、自分の負けを認めないような選手もいます。極端な場合は、負けた原因を隠すために嘘をつく選手もいます。

たいがいの場合は、試合後に言い訳をするのですが、それを試合前に言い出す選手がいます。たとえば、「今日はちょっと足が痛い」「風邪《かぜ》気味だ」「床が滑る」「この体育館は暗くてボールがよく見えない」など。これは負ける準備をしているのです。

負けた時に、「本当はおれが強いんだけど、今日のおれは100%じゃないから負けてもしょうがない」と、負ける準備をしているのです。そういうことを選手が言ってきたら、「プレーする環境は相手も同じです、あなたはあなたができることをやればいいんです」と言ってあげてください。

実際に試合で負けたら、「やっぱり足が痛かったわ」「ボールがよく見えなかった」と言うかもしれませんが、そういう選手は勝った時には、「○○が痛い、○○がおかしい」とは言わないも

のです。負けた時に、選手は辛《つら》いかもしれませんけど、やはり選手自身の原因を考えるべきでしょう。

「負けられない」という状況に追い込まれると、重圧に耐えられずに強烈なストレスがかかるので、ほかのものに原因を求めたくなるのは理解できます。自分以外のものに敗因を押し付けるほうがストレスが軽減されることは理解できますが、それはその一瞬だけの気休めで、あとで虚《むな》しくなるのではないでしょうか。本来、自分の何が良くなくて試合で負けたのかをしっかり考え、改善しないと向上していきません。

卓球はいろいろな戦い方や戦型があり、強くなる方法も人それぞれです。つまり、選手が強くなっていく方法はひとつではありません。重要なのは方法ではなく、強くなるために努力することです。親もコーチも子どもたちの努力できる才能をほめてあげてください。

2024年1月の全日本選手権では、木の床のために足に水ぶくれができ、照明の反射でボールが見えにくいという条件があったものの、「自分の未熟な部分が出てしまいました」と反省した早田ひな（卓球王国24年4月号全日本チャンピオンインタビューより）。すべての事象は自分に帰属しているという姿勢を見せた。素晴らしきチャンピオンだ

団体戦を戦う。それぞれの役割とは何か

トップで起用される人は勝っても負けても次の人にどうバトンタッチするのか。ラストで起用される人は「負けたらどうしよう」と考えないこと

卓球の団体戦ではオーダー（順番）というものがあります。相手との相性も考慮されながらもトップに起用される人、もしくはラストに起用される人もいて、その選手の性格やメンタルに

よってコーチが決めることが多いようです。

「なんでおれがラストなんだろう」と思う選手は少なくありません。当然、相手チームの選手起用を読みながら監督、コーチはオーダーを決めます。ラストの場合は回ってこないことも多くあります。もしくは2台進行の団体戦では4番と5番が同時に試合を行い、5番の自分は勝ったのに、4番の選手が負けてしまい、自分の勝利がチームの勝利と結びつかなくてがっかりしてしまうケースもあります。

また、ラストで勝負が決する場合は勝てばヒーローですが、負けた場合、自分だけが責任を負《お》うような状況になり、ラストでの出番を嫌がる選手も少なくないでしょう。

私はチームのメンタルサポートをする時に、選手たちにこう伝えるようにしています。「オーダーというのは最終的に監督が決めるもの。もしあなたがラストで行け、と言われたら、監督はあなたがラストで勝ってくれると信じて名前を書いたのだから、あなたは与えられた機会で責任を果たすだけ。『負けたらどうしよう』などとは考えないでください」。

トップに起用される人というのは、よく声を出してチームを盛り上げるとか、試合の流れを作ってくれる人を使うことが多いでしょう。

もしトップで負けたとしても、2番の選手に「今日オレは負けたけど、お前頼んだぞ」と声を掛けられる人が適任です。監督は、負けてしょんぼりと落ち込むタイプではなくて、負けても元気にチームメイトを励ますことができる選手を使うものです。そういう意味ではトップの人は重要です。

自分が負けたら、まるでチームが負けたような雰囲気になる人がいます。他の団体スポーツだと、みんなで盛り上がったり、お互いが声をかけますが、卓球は個人スポーツであるため、負けて落ち込んだり、ことさら自分の責任を強く感じてしまう傾向が強いようです。

控えに回されてふてくされている選手なのか、チームメイトのために応援できる選手なのか

キャプテンの役割と、控《ひか》えの選手の役割とは何でしょうか。控えに回されてふてくされている選手や、「どうせ自分は試合に出ませんから」と平気で言う人もいますが、試合に出ない人がどういう行動を取るのかがチームの雰囲気を作り、チームの勝敗を分ける大切な役割を担《にな》います。

団体戦に起用されたけれど、負けるとすぐ落ち込んでしまう選手なのか、試合に出ないからとふてくされる選手のいるチームなのか。逆に、負けて落ち込んだとしても、その後にすぐにチームメイトを励ましていける選手がいるのか、団体戦に出ない控え選手がしっかりとチーム

メイトを応援できるチームなのか。チームの中でのそれぞれの選手の行動がチームの強さを作るとも言えます。

同じ練習場で勝利を目指している選手は仲間です。自分がたとえ試合に出ないとしても、仲間を応援する気持ちを持てるチームは強いチームです。ところが、「おれは試合に出ないからどうでもいいや」と思っている選手がいるチームは、試合に出る人たちも「こういう選手には自分は追い抜かれないだろう」と思いながら練習したり、試合に出たりしているので、いい加減な試合をすることが多く、試合で手を抜くこともあるかもしれません。当然、チーム力は高まりません。

キャプテンというポジションがチームにはあり、キャプテンと言われる人はチームのために一生懸命行動します。そして、ある時は監督と選手たちの間に入って、監督に言われたことを仲間に伝えたり、チームメイトを叱咤激励したりします。しかし、時に自分を犠牲《ぎせい》にして、チームのために頑張るキャプテンもいますが、それは間違いです。チームをまとめることも大事ですが、選手としてやらなければならないことをやっていないキャプテンは信頼されません。まず、自分がどうやったら強くなるかを考えて、行動すべきです。

言い方を変えるならば、監督、コーチ、もしくはチームリーダーが「どういうチームを作るのか」「どうやって選手に接しているのか」でチームの姿が決まるとも言えます。

一緒に練習しているチームメイトを応援することは当然の行為ですが、それができないということはチームとしてはマイナスです。チーム力とは単純に個々の選手の力量の合算ではなく、チームとしてのプラスアルファの雰囲気をいかに作れるかにも関係します。

チームは生き物。一人ひとりの意識によってチームは大きく変わる

チームの中で、自分がチームメイトに追い越されたと感じたら、どうすれば良いのでしょうか。チームメイトが強くなってチームが強くなったことを、簡単に受け入れることはできないと思いますが、チームメイトが強くなったことを喜んであげることは自分にとってもプラスになります。

チームメイトに追い抜かれて落ち込んだり、もしくは団体戦に起用されなかったために腹を立てることは何のプラスにもなりません。落ち込むのではなく、「次はおれの番だ」「次はおれが追い越すんだ」と思ってみてください。

たとえばプロ野球の世界でも卓球の世界でもチームメイトが故障したために、自分に出番が

23年春の高校選抜で8大会ぶりに優勝を決めた野田学園。2台進行で、4番の芝が最後に優勝を決めた

回ってくることもあります。チームメイトの故障をどこかで喜んでいる自分がいませんか、惨《みじ》めな気持ちになりませんか。それよりは「今回の出番では自分は頑張って実力を見せます。そして、チームメイトが故障を治して戻ってくる時に簡単にポジションは渡しませんよ」という能動的な気持ちになることが大切です。

また、チームの中で禁止事項を多く作って、「これはダメ、あれもダメ」というルールを作りすぎると、体が動かなくなるとも言われます。禁止事項だけを作るのではなく、何かが起こったら、それについてみんなで話し合って解決していくことのほうがチームとしてのモチベーションも上がっていきます。

チームはまるで生き物です。個の集まりであっても、一人ひとりの意識によって、チームは大きく変わっていきます。試合の多い季節に、チーム戦ならではの感動を味わってください。

第2章

アスリートを持つ親のメンタル

What's SPORTS MENTAL?
OKAZAWA, Yoshinori

親と子の関係。挑戦させるのか、重圧をかけるのか

子どもたちに一番尊敬される指導者は、「子どもに謝れる指導者」

子どもを強くさせたいという親が抱えている問題とは何でしょうか。

親御《おやご》さんから、よくこういう質問を受けます。「自分が子どもとどう接したらよいかわからない」「子どもが友だちとの関係で悩んでいます。どうしましょうか」「自分が言っても子どもが聞

いてくれない。子どもにどういう言い方をすればよいですか」。

親も指導者も悩んでいます。子どもの前では「親として」「指導者として」の役割行動をしなければいけないと考える人も多いのですが、もっと素直に子どもたちと向き合うべきでしょう。わからないことはしかたない。選手、子どもたちと一緒に考えていけばよいのです。

子どもたちに一番尊敬される指導者は、「子どもに謝《あやま》れる指導者」です。「おれはこう思ったけど間違ったかな。ごめんな」と言える指導者。そのうえで「もう一回やってみて、チャレンジしてみて」と選手に言える人。負けた時に「おまえ、おれの言うとおりにやってないから負けたんだぞ」と言うのではなく、「おまえならできると思ってアドバイスしたけど、おれの判断ミスだった」と言える指導者はなかなかいません。素直に子どもたちにも謝れる指導者は選手たちから尊敬されます。

試合で負けた時に、敗因をすべて選手に押し付けるのではなく、「おれはできると思ったけど難しかったな。おれがもっとできるように教えてからやれば良かった」と言ってあげると、子どもは「じゃあ、もっと頑張ろう」と考えます。これは親と子の関係でも同じです。

子どもたちに「今回、おれはこう思うから、これでやってみよう。それでダメならおれの責任だから挑戦してみよう」と言うと、選手たちは思い切ってやれます。それをすべて選手に押し付けると重圧がかかるので、その重荷を指導者や親が負担すれば良いのですが、親や指導者の言葉によって重圧が強くかかるケースもあります。

二世選手の苦しみ。親や兄弟と比べられる辛さ。「自分は自分だ」

卓球の世界で強い選手の「二世選手」がそのまま強くなったケースは少ないと言われています。卓球をしていた親の子どもは小さい頃から卓球を始めることが多く、卓球に親しむ環境がありますが、だんだんと年齢を重ねていくと、子どもたちは「○○さんの息子(娘)」とか、兄弟に強い子がいると「○○君の弟、妹」と言われます。親や兄弟を通して、自分自身を認めてもらっている気持ちになります。

周りからも「○○さんの子どもなら強くなるよね」と言われると、「負けられない」という重圧がかかり、練習をしていても面白くないと感じます。その子どもは負けないために練習をするようになるからです。

普通の選手は「ぼくは全日本選手権出場を目指します」「県大会優勝を目指します」と目標を口に出して、頑張ることが楽しいと感じます。ところが、いわゆる二世選手は、「○○さんの子ども」と言われて、周りから「○○の息子なのに、なんでそれができないの?」と言われてしまう。そうすると、負けられないという重圧ばかりがかかり、二世選手としてのメリットは「小さい頃から卓球ができる環境にあった」ことだけになります。

そういう選手に対して「君は○○さんの子どもではなく、君自身です。だから君は何をしたいのですか」と問いかけます。

また、兄や姉が強い選手の場合は、その弟や妹も小さい頃から兄・姉以上に才能があると思われます。ところが、本人は陰で泣いているのです。「ぼくはぼくなのに、いつも兄と比較される」と。

それを克服するのは非常に難しいことです。子ども自身が「自分は卓球をやりたい」という確認作業を常にやっていかなければいけません。「卓球をやっていて何が楽しいですか」「これから何をやっていきたいですか」「君の夢は何ですか」と聞きながら、「将来、こういう選手になりたい」と言ってきたら、「それを実現するために一緒に考えていこう」と会話を進めます。それは小学校の高学年からやっていかなければいけません。

親も周りの人も「チャンピオンの子どもはチャンピオンになるだろう」と考えるのは間違いです。さらに自分の意志ではなく、周りに言われて卓球を続けてきた子どもは、高校を卒業するくらいの時期に「もう卓球をやめたい」と言い出す傾向が多いようです。

「おれはこのくらいはできたのに、なぜおまえはできないんだ」と子どもを責《せ》める親もいます。親も指導者も「この子はなぜ頑張れないんだろう」と思いがちですが、まずはその子が頑張れるだけのエネルギーを蓄《たくわ》えられるように気持ちを高めてあげましょう。「卓球のどういうところが楽しいかな」と聞きながら、子どもに自信をつけさせることが大切です。

試合で勝った時に、「さすがおまえはお父さんの子どもだな、やれるやつだと思っていたよ」と言うくらいなら良いのですが、負けた時に親のことや兄弟のことを持ち出すと子どもは自信を失《な》くします。周りの人からも「○○さんの子どもなのに、なぜ負けるの?」と言われたりすると子どもは傷つき、辛《つら》い気持ちになります。

親がコーチで、チームの中に自分の子どもがいるとさらに難しい部分があります。チーム戦で自分の子どもを出場させると、「コーチの子どもだから選んだ」と言われたりするので、あえてコーチ(親)はその子に他の子よりも2倍も3倍も厳しくしてしまいがちで、子どもの辛さは増すばかりです。

22年全日本選手権カブの部で入賞した小西紅偉（Global Athlete）は父に元全日本チャンピオン小西海偉、五輪代表の小西杏（右写真）を母に持つ「二世選手」だが、のびのびとプレーしているのが印象的だ

子どもが負けた時に親が温かく迎え入れてくれれば子どもは挑戦できる

親が自分の子どもを教える場合、ただ怒るだけでなく、ほめてあげることが大切です。子どもが一番うれしいのは親にほめてもらうことです。

ある選手が全国大会に出ました。両親に会うと「子どものおかげでこんなところに連れてきてもらいました」と喜んでいました。次に子どもと会った時に、「今日はお父さんとお母さんが来てるね」と伝えると、「そうなんです。うざいです」と言っていました。

ところが、試合前日に選手に会うと泣いています。「なんで泣いてんねん？」と聞くと、「絶対負けられない。負けたらどうしよう」と不安のあまり泣いているのです。両親が見に来ていることさえもプレッシャーに感じているのでしょう。

「君のお父さんもお母さんもコーチも、君が元気に試合をしている姿を見たいだけや。勝たなあかん、負けたらあかんと、そんなこと考えないで、君がやれることをやればいいんだよ」と言葉をかけました。強がっていても子どもは追い込まれた時に本音《ほんね》が出ます。

その話を親にもします。「子どもって最後はそうなるんですよ」と伝えながら、「私がメンタルをサポートして一番難しいと思うのは誰か知っていますか？　親なんですよ」と言います。子どもが絶対負けられない状態を作ってしまう要因は、多くの場合は親からの過剰な期待です。試合で負けて子どもが帰るのは親のところですから、子どもを追い込むようなことはしないでほしい。

子どもは時に「親はうざい」と言うかもしれないけれど、心の中では親に認めてほしいと思っています。重圧ではなく、子どもが思い切りチャレンジできるような言葉をかけてほしい。そして、子どもが試合で負けても、帰ってきた時に門を開けておいてほしい。もし負けたとしても親が温《あたた》かく迎えてくれるならば、子どもたちは思い切り挑戦できるのです。

子どもの幸せとは何か。あなたは卓球を押し付けていないか

「卓球をすれば勉強はしなくて良い」「卓球をやってもお金にならない」「うちの子は天才だ」と考える親たち

以前は指導者が選手に対して厳しく接したり、悪いことをすれば怒っていたのですが、最近は指導者が子どもを怒らなくなっています。もちろん体罰はいけないことであり、厳しくすれ

ば「パワハラ（パワーハラスメント）」と言われるために、指導者が怒れないケースが多くあります。また選手の親御《おやご》さんからの指導者への要求が多くなり、そういう親からの要求や厳しい指摘に指導者が耐えられなくなっていることが多くあります。

今までなら、卓球を通してその子どもが将来生きていく力を養うとか、スポーツを通してさまざまなことを学ぶという経験が現場の目的だったと思いますが、親が思う「子どもの幸せ感」が時代とともに変化しているのは事実です。

最近は選手の親が、「卓球が強ければ、スポーツがうまければ勉強しなくても生きていける」という考えを持つ傾向が多く見られます。

卓球界でも1990年代以降、福原愛さんの活躍をきっかけに幼少期から卓球の英才教育が施《ほどこ》されるようになりました。その後に、水谷隼さんや石川佳純さんのように、小さい頃から卓球に集中できる環境が整えられ、才能を伸ばし、世界で活躍できる人が多く出てきました。

一方、親が子どもに卓球を強制的に押し付けると、子どもは卓球を嫌いになったりすることもあります。福原さんや水谷さんも卓球をやりたくないと思った時期があったかもしれません。実際に私が接してきた子どもたちの中にも、「私は本当は卓球が好きではありません。卓球をしないと親に怒られるからやっています」「将来、卓球ではなく、他にやりたいことがあります」と言ってくる子がいます。

強い子どもたちの後ろには、「卓球をやっていれば勉強しなくてもいい。卓球が強ければそれなりの大学に行けるのだから、勉強をやるよりも卓球をやっていればいい」と考える親もいれば、逆に子どもは卓球が好きでもっとやりたいのに、「卓球なんかやっていてもお金にはならない。もっと勉強したほうが将来プラスになる」と言って、子どもが挑戦したいのに、そこにブレーキをかけて、子どものやる気を削《そ》いでしまう親もいます。

また、「自分の子どもは天才だ。将来日の丸を付け、オリンピックにも行けるかもしれない」と子どもに過剰な期待をかける親もいます。

しかし、子どもたちは強い選手と一緒に練習や試合をして「この選手には絶対勝てない。それならば卓球だけではなく、もっと勉強したほうが将来良いのかもしれない」と悩んでいる場合もあります。私は「卓球をやっていたら何をやってもいい」とは決して言いません。「卓球が強くなるためにどういう生活をしますか、何を考えますか」と問いかけ、「卓球も一生懸命やるけど、勉強も一生懸命やりましょう」と言います。勉強をやらなくてよいという価値観はありません。

親と子どもの進路に関する話し合い。親の価値観、親の幸せ感を子どもに押し付けていないでしょうか

最近、全国の強豪校で中高で一貫指導している学校が多くなりました。もしくは卓球のために小学生から親元を離れるケースを聞いたことがあります。小学生は親の躾《しつけ》がまだ必要な時期です。また高校の通信制やスポーツコースというような環境で、一般的な教育を受ける時間が短いことは良いことなのでしょうか。

私は義務教育である中学校まではしっかり勉強をしてほしいと考えています。親御さんと話をすると「うちの子は頭が悪いから」と平気で言う人もいます。「だから卓球だけやっていればいいのだ」と。それは頭が悪いのではなく、ただ勉強をしていないから授業についていけないだけでしょう。

2024パリ五輪代表の張本智和、美和の兄妹は小さい頃からしっかり宿題や勉強をやっていたと聞いています。時間をうまく使えば、小中学校の時期に卓球と勉強が両立できる例になります。

卓球のように、小学生低学年から専門的に練習を積み重ねていく競技は他にはあまりありません。卓球は小さいうちから真剣に練習に取り組む選手がロールモデル（お手本）と言われ、親も周りもそれが正しいと思っている傾向があります。

もしくは「家業が卓球場」となると、いやが応でも卓球が中心の生活になりがちで、中には卓球はあまりやりたくないという子どもでも卓球の練習を拒否《きょひ》できないケースが多くあります。

そういう選手たちの中には、休みの時でも親元に帰りたくないとか、親が強制的にやらせるから我慢して卓球はやるけれども本当はとても嫌いだという子どももいます。このようにいろいろな子どもの考え方や、親の考え方との相違があっても、基本的にどの親御さんも子どもの将来の幸せを考えているのです。

もっとも良いのは親の思いを感じつつも、子どもも強い意志とやる気を持ちながら卓球で強くなろうと行動するパターンです。逆に良くないのは、親は「子どもの幸せは卓球が強くなること」と考え、その思いを子どもに押し付け、子どもはそれに反抗したり、嫌々《いやいや》ながら卓球をやっているケースです。

親御さんはお子さんが中学に進む時、高校に進む時、または大学に進む時に「自分はどう思う？　何をしたい？　卓球を続けることは幸せかな？」と子どもと話し合うことが必要ではないでしょうか。親の価値観、親の幸せ感を子どもに押し付けていないでしょうか？　卓球の強い子

10歳の時の水谷隼さん（上写真）「練習は強制でつらかった。卓球をやめたいと思ったことは数え切れない」と本人は語るが、「今では感謝しています」と付け加えた。それから20年後に努力が実を結び、2021年の東京五輪で伊藤美誠選手との混合ダブルスで金メダルを獲得した

が将来みんなオリンピック代表になれるわけでもなく、プロ選手になれるわけでもないのです。

勉強をやって将来マイナスになることはありません。「子どもの将来の幸せとは何か?」を冷静に考える時期があってもよいかもしれません。

「卓球がすべて」の価値観はすべての人に当てはまらない

卓球に費やした時間は
無駄だったと思ってほしくない。
卓球に費やした時間は宝物だと思ってほしい

前の項でも触れましたが、最近は「うちの子は頭が良くないから卓球だけ強ければいいです」と言う親がいるそうです。親が子どもの前で子どもの能力を否定することはかなり問題です。

子どもが「勉強したくないから卓球だけやります」と言った時に、「それは違うよ。将来のために勉強もしなさい。卓球も頑張るけど、勉強も頑張ろう」と言ってあげるのが親の役目ではないでしょうか。

親だけではなく、「卓球をやっていれば勉強をしなくてもいい」と考える指導者がいたら、それも問題です。たとえば張本智和・美和兄妹のお父さん・お母さんは親であり、指導者だったわけですが、兄妹が小学生の時には、しっかり宿題や勉強をさせた後に二人に卓球の練習をやらせていたそうです。兄妹は学校での成績も良かったと聞いています。

最近、特に強い中・高校生にもプロ的な選手が多くなっていて、学校の授業をあまり受けない子どもたちも増えています。その子どもたちは全員がプロ選手になれるわけではないので、一般的な知識を身につけるための勉強も怠《おこた》ってほしくないと思います。結果論ですが、多くの選手と接していて、勉強しなくてもいいという価値観を持っている選手はあまり強くなっていないように感じています。

自分で「強くなりたい」と思っている子どもがいたら、親は思い切りサポートすれば良いのですが、一方で、「卓球だけをやっていれば他のことができなくてもいい」と言われて育っていく選手は、卓球ができなくなった時にどうやって生きていけばいいのでしょうか。

「水谷隼さんのようになりたい」『石川佳純さんのようになりたい」と夢を持ち、憧れを抱《いだ》

張本智和と張本美和の兄妹。右は母の凌さん、左端が父の宇さん。兄妹が小学生の頃から、卓球だけではなく、勉強を習慣づけていた（写真は24年1月の全日本選手権の表彰式）

き、一生懸命に頑張る子どもたちもいるでしょう。しかし、日本にはTリーグもできましたが、プロ選手として卓球の世界で生きていけるのは、本当にひと握《にぎ》りです。

「卓球がすべて」「卓球=人生」の価値観はすべての人に当てはまらないと思います。卓球から離れた時に、卓球に費《つい》やした時間は無駄だったと思ってほしくない。卓球に費やした時間は宝物だと思ってほしい。卓球を適当にやるのではなく、一生懸命やり、これからの人生を生きていく力にしてほしい。

最初に卓球を始めたきっかけは親だったり、周りの人が作ってくれたものかもしれないけれど、今現在、卓球をやっていることが無駄ではなく、将来生きてくるのです。

勉強して論文を書いて、苦しかったけれども乗り越えたことが自信になってオリンピックで優勝した人もいる

卓球と勉強の両立は大変だと思いますが、学校の授業中は先生の話を聞きましょう。5時間も6時間も授業を受けるのは辛いかもしれませんが、とにかく授業を聞いて、その中で理解できるようにしましょう。ひとつでもふたつでもいいから理解しようと頑張ってください。

勉強をしないことのマイナス面は何でしょうか。社会生活で必要な基本的な読み書きは当然ですが、人間関係をうまく作れない、人との関わり方がうまくできない、人の話を聞くことができないという人もいます。選手で強くなるにしても、国語力、英語力などの語学力はその選手のキャリアを助けてくれます。卓球選手では石川佳純さんの中国語での会話力は有名です。

今、ある車椅子のテニス選手のメンタルサポートをしていますが、その選手は英語と韓国語を独学で学び、流暢《りゅうちょう》に話せます。それはその選手の国際舞台での活躍やコミュニケーションの方法として大いに役に立っています。

アスリートとして成功している人は、試合の組み立てや普段の練習でも、考える力を発揮している人です。今まで卓球だけではなく、多くのオリンピック選手と話をしてきましたが、勉強をしていて考える力を持った選手が多いように感じています。

昔、私の研究室（奈良教育大大学院）にオリンピックの金メダリストで、修士課程の修了が半年間遅れてしまった人がいます。彼がオリンピックの金メダリストだったので、私は大学の学長からも連盟からも怒られましたが、オリンピックに向かっていく過程で時間的な制約も多い中、しっかり勉強をやること、大学院の修士課程を自分で努力して修了したことは、彼の人生の中で自信になるはずだという信念を私は持っていました。

その時に研究室の他の人には、「彼の勉強を手伝う必要はない」と言い、彼は自分で考えて、苦しみながらもしっかりと研究し、半年後に立派な修士論文を書いて、修士課程を修了して、オリンピックを迎《むか》えたのです。結局、その選手はオリンピックで2連覇しました。苦労して研究生活を乗り越えたことが、結果として彼の競技生活にも人生にもプラスだったと私は思っています。

学校での勉強とは別に、自分がやっている競技の本・雑誌を読まない、自分の競技に対する知的好奇心がない子どもも将来強くなるとはあまり思えません。私がメンタルサポートをしている中学生の選手に「普段何を読んで勉強していますか?」と聞いたら、「卓球王国を読んでいます」と言ってきました。「何を参考にしているの?」と聞いたら、「メンタルのページは参考になります」と言われて、「あれを書いている岡澤《おかざわ》って、おれやで」と言ったら、「知りませんでした」と言われました。これは笑い話ですが、とにかく、最低限、自分がやっている競技の本・雑誌は読んでほしいものです。

競技生活を終えても幸せな人生を送ってもらうことが、親、指導者の願いではないでしょうか。「卓球が強かったらいい、勉強しなくてもいい」と思っている親御さんも多いかもしれないけれど、自分の子どもの競技人生が終わったあとのことを考えれば、勉強しなくていいとは言えないと思います。

勉強をすることが、選手としても、競技生活が終わっても役に立つことだと思います。言い方を変えれば、勉強をやることが将来役に立つという価値観を持っている選手が強くなると思うのです。

第3章

指導者が気をつけるべきこと

What's SPORTS MENTAL?
OKAZAWA, Yoshinori

ベンチコーチの60秒。選手を落ち込ませるのか、選手を励ますのか

たくさんのことを言いすぎずに、絞り込んで具体的なアドバイスを言ってあげる

今回はゲーム間のベンチコーチに関して、いくつかのポイントを挙げてみましょう。

指導者というのは、試合中に心配ごとを選手に伝える傾向があります。「こういうサービスが

来るから気をつけよう」というようにベンチコーチの不安を言うだけでは、選手は余計に不安がつのるだけです。

負けた後に「気をつけろと言っただろ」とベンチコーチが言っても、後《あと》の祭り。選手が聞きたいのは具体的な解決策です。「このサービスが来たら、君はこうすべきだ。このコースにこういうボールが来たらこう返すべきだ」と具体的に伝えるべきでしょう。

私がメンタルサポートをする際には試合が終わった後に「振り返り」を行います。選手に聞くと、実際の試合ではベンチコーチからたくさんのことを言われてもできないことが多いのです。優先順位をつけるか、ひとつかふたつに絞ってほしいと選手は思っているようです。

普段から自分で考えて、試合の時に自分で修正できる選手に育つことが理想ですが、なかなかそうはいきません。選手は客観的に試合を見るのが難しく、緊張もしています。そんな時のベンチコーチは選手にとっては貴重なアドバイスをくれる存在です。あれもこれも一度にたくさんのことを指示されても選手はできないので、ある程度絞り込んで、「こういう状況になったらこうしよう」と具体的な指示やアドバイスをしたほうが良いように思います。

愛工大名電中の真田浩二監督と話をしている際に、「真田さんが言っていることを選手たちは理解しているんですか？」と聞いたことがあります。

それは名電中の選手たちと話をしている時に、彼らから監督のアドバイスについて聞いたことがあるからです。「真田さんは選手が何かを言っても怒る人じゃないから言ったほうが良いよ」と選手に言ったこともあります。一方、真田監督には、「選手たちは練習でもベンチでも真田さんが言っていることを理解しているのですか。もっと言うことを絞ったほうが良いのでは」とアドバイスをしました。

試合中に選手たちは、「そんなにたくさんのことを言われてもできません」とベンチコーチには言えないものです。私のような第三者が選手から聞くことはあっても、ベンチコーチに入った監督が選手からアドバイスについての感想を聞くことはあまりないでしょう。

また、団体戦でゲーム間に戻ってきた選手に対して、ベンチにいる何人もの選手がアドバイスしているシーンを見たことがありますが、複数の人からのアドバイスが試合中の選手の頭に入るのでしょうか。「ここを攻めたいんだけど、どうですか」と選手がベンチコーチに聞くのはわかりますが、一方的にみんなが言っても、選手にとっては情報過多《かた》になります。後で選手に聞くと、「あれは聞いているフリをしているだけです。右から左に流しています」と言う人もいます。

2019年の全国中学校大会での愛工大名電中の真田浩二監督（左端）

マイナス効果を与えるベンチコーチとは何か　コーチの言葉と態度で選手は変わる

男子だから、女子だからという言い方は気をつけなければなりませんが、一般的に男子選手はベンチコーチからアドバイスをもらっても自分の考えと合致《がっち》しないと、自分の思ったとおりにやろうとする傾向が強いようです。

一方、女子の選手は、コーチに言われたことを忠実に実行しようとする傾向があります。それがマイナスに動くこともあるので、コーチはアドバイスする前に熟慮《じゅくりょ》して、選手にアドバイスしたほうが良いでしょう。

他の競技のメンタルサポートをした時に、高校時代にとても強かったのに、大学・社会人になって成績を出せずに伸び悩む選手がいました。私は、高校時代に厳しく指導されて、そこから開放されて社会人になってダメになったのかと考えてしまいました。

ところが話を聞くと、高校時代に指導者のことを非常に信頼していたので、監督の言ったとおりにやれば勝てると思っていたそうです。指示どおりにやっていたら勝つことができたし、勝たせてくれるから信頼もしていた。だから「すごく良い監督だった」とその選手は言っていました。しかし、大学や社会人チームではあまり細かいことを言われないために、自分が何をやっていいかわからなくなったのです。それが伸び悩んだ原因です。

高校時代にコーチが指示を与えるだけでなく、選手が自分で考えることができるように指導すれば、大学や社会人になってもその選手は自分で考えて伸びていくこともできたと思います。

これは前述した、コーチの言ったことを忠実に実行しようとする女子の選手の傾向とも重《かさ》なります。卓球に置き換えて考えてみましょう。

選手がベンチコーチを信頼して、アドバイスどおりにやろうとするのは悪いことではありません。ただし、選手自身もベンチコーチに依存しすぎるのではなく、自分で考えながら試合をして、もしもコーチがベンチにいなくても自分で試合中の問題を解決していくことも必要です。

選手からすれば怖い指導者に「おれの言うことを聞け。こうやってこい」と言われたら、そのとおりにやるしかない。選手本人は「そんなの無理だ」と思いながらやるので当然ミスをするし、こういう命令的なアドバイスはマイナスの効果しかありません。

また、私は会場でもテレビでも、ベンチでの監督や選手の様子を見ます。ベンチコーチがアドバイスをしている時に、選手がコーチのほうを見ないで他所《よそ》を見ていることがあります。これは、「私はあなたのアドバイスを聞きません」という選手からの意志表示とも言えます。

逆のパターンで、ベンチコーチが試合を見ないでよそを見ていることもあります。それは選手からすればモチベーションが下がります。特に選手が負けている時にそうする人というのは、「なんでこんな試合しかできないんだ」ということを態度に表しているのかもしれません。「もうお前なんか知らんわ」というのはコーチが一時的な感情でそうしたいだけで、選手はどう思うのでしょうか。「おれは悲しい、おれはおもしろくない、勝手にやっておけ」というシグナルを送られて、頑張れる選手がどれだけいるのでしょうか。

これは卓球の試合だけではなく、練習でも生活でも、選手は苦しい時こそコーチに寄り添ってほしいのに、コーチが感情的な態度を取った場合、「励ましてもらっているんだ」と思う選手は誰もいません。それを指導者にわかってほしいと思います。

もしも私がベンチコーチをやらせてもらったら、60秒の間に何ができるのでしょうか。

作戦や戦術を理解して的確なアドバイスをすることは到底《とうてい》できない。対戦相手の技術的な問題点を把握《はあく》してアドバイスをすることもできない。そんな私にベンチコーチをお願いする選手はいない。でも、一度ベンチコーチをやってみたいと以前から考えていました。

どう攻めたら良いのかわからない、このままだと負けてしまうと考えている選手に、私なら

「どう攻めたいんですか」と聞く。そうしたら、選手はきっと「こう攻めたい」と言うでしょう。「だったらそうしましょう」と私は言います。

選手は「それができたら苦労はしません。できないから悩んでいるんですよ」と言うでしょう。成功するか失敗するかという結果を気にするから、できないという結論になってしまいます。

だから、選手が何をしたいと考えているのかを聞き出し、「結果はなるようにしかならないので、やってください。やることはできるでしょう」とアドバイスすると思います。できないことをやりたいと言う選手はいません。「失敗するのでは……」という結果を気にしてやらないだけです。「結果を気にせず、思い切りラケットを振ってきなさい」と言ってコートに送り出すと思います。

体罰とハラスメント。そして、「怒れない指導者」の問題

怒って手が出てしまうのは瞬間的、衝動的な行動だが、少し時間を置けば、その怒りも収まる

選手たちのアンガーマネジメント（Anger Management＝怒りの感情のコントロール方法）や、指導者の体罰、ハラスメントに関しても多くの相談を受けます。

また、体罰を与えた先生たち向けの講習会を行ったり、体罰を与えた先生との面談、ヒアリングを依頼されたこともありました。実際に話を聞いていると、体罰を与えてしまった先生たちの多くは特に暴力的でもない、生徒思いの良い先生なのです。

卓球ではないのですが、オリンピック選手を育成した先生の話で、文化祭で模擬店《もぎてん》を壊《こわ》した生徒がいて、その中に自分のクラブ(運動部)の生徒がいたために、他の生徒には手を出さずに自分のクラブの生徒を殴《なぐ》った、ということがありました。それが問題になり、校長先生からも殴った生徒の親に謝罪するように言われ、私と面談することになったケースもあります。殴ったことは肯定《こうてい》できませんが、衝動的ではなく、理由があったケースです。

10年以上前に大阪のある高校の運動部での体罰が問題となり、メディアでも大きく取り上げられました。その後、社会問題として、体罰に対して厳しい目が向けられるようになり、学校の中でも厳しいルール作りが行われるようになりました。

体罰は絶対にいけません。しかし、前述のように愛情を持っていたのに殴ってしまったケースもあれば、自分の怒りにまかせて殴る指導者もいます。指導者が怒りにまかせ、興奮しすぎて殴ったために、子どもの鼓膜《こまく》が破れたという話も聞いたことがあります。それはただの暴力です。

指導者が子どもたちを教えていて、カーッと頭にきて殴りたい衝動に駆《か》られることもあると思います。その時にはいったん深呼吸をしましょう。少し時間を置いて落ち着けば、殴りたいという衝動は消えているはずです。

怒って手が出てしまうのは瞬間的、衝動的な行動ですが、少し時間を置けば、その怒りも収まるものです。選手に対して怒って手が出てしまうのであれば、深呼吸をしたり、「6秒ルール」のように、数秒間、間を置くことで、殴りたいという衝動は収まるはずです。

最近は「怒られること」への耐性《たいせい》がなく、自分の行動の善《よ》し悪《あ》しの判断がつかない子どもたちもいると聞きます。怒る前に、彼らの行動や、「やるべきこと」「やるべき理由」などを説明することが必要かもしれません。

怒る前よりも子どもたちが良くなる、プラスになるような指導法を心がけましょう

最近の指導者は、体罰やハラスメントに過敏《かびん》になっているせいか、総じて子どもたちが明らかに間違った行動をした時にも怒らなくなっています。怒って殴ることは良くないのですが、子どもたちが「やるべきことをやっていない」「やってはいけないことをやっている」と指導者が

感じたら、それは怒るべきなのです。

練習や日常的な生活の中で、子どもたちは「やってはいけないこと」「やるべきこと」がわからないこともあります。それを指導者は怒ることで教えてあげるのです。つまり、指導者が怒ることは、選手たちへの「気づき」を促《うなが》すことでもあります。

社会には守るべきルールがありますが、スポーツの世界にもルールがあり、それぞれのチームにもルールというものが存在するはずです。そのルールを子どもたちが守らなかった場合は、体罰ではなく、しっかりと指導者が怒って子どもたちに知らしめる必要があります。

特に卓球が強いからといって、ルールを破っても良いということはありえません。指導者に「怒るべきです」と言ったことはありませんが、今の指導者には「しっかり怒りなさい」と言いたいと思うこともあります。

また、先輩や年上の人には敬語を使ってほしいと、私は指導者や子どもたちにお願いしています。必要以上の上下関係は不要だと思いますが、目上の人に対しては敬語を使うべきではないでしょうか。もちろんコート上では相手が年上でも対等で良いと思いますが、コートから離れた時には最低限のルールとしての言葉遣《づか》いは気にかけてほしいと思います。それは将来、社会に出てからも守るべきルールとも言えます。

もちろん、スポーツの上下関係の中で、「しごき」や「いじめ」は絶対ダメですが、社会のルール、学校のルール、チームのルールをしっかり教えることは必要です。

以前、小学生以下の大会、全日本選手権ホープス・カブ・バンビの部を見に行って、ベンチに入った親が子どもを殴っていた場面を見て、注意したら、「おれの子どもに叱《しか》っているだけだ、口を出さないでほしい」と言われたこともあります。そういう親は自分も殴られながら育ったのでしょう。しかし、本来は殴ったりしないで、言葉で子どもたちのモチベーションを上げ、育てていくべきではないでしょうか。

体罰やハラスメントがいけないことは浸透《しんとう》し、今は怒らない時代になりましたが、アンガーマネジメントで怒りを鎮めると同時に、悪いことは悪いと怒れる指導者であるべきです。「勝てば何をしてもいいんだ」という指導ではなく、怒ってあげることで選手が気づいて、正しい道に進ませることも卓球というスポーツの大切な部分です。

怒って選手に恐怖を与え、練習をやらせる方法は良いとは思いません。ただし、やってはいけないことをやった場合、やるべきことをやっていない場合はしっかり怒ることも必要です。

中には自分がなぜ怒られているのかをわからない子どももいます。その時に「なぜあなたは怒られているのか」「だったらどうすれば良いのか」を説明してあげましょう。つまり、「やる気の上がる怒り方」をするのです。怒る前よりも子どもたちが良くなる、モチベーションが上がる指導を心がけたいものです。

中国の名将・劉国梁（リウ・グオリャン／現中国卓球協会会長）。冷静な分析、試合での闘志、選手との厚い信頼関係で、張継科（チャン・ジィカ）、許昕（シュ・シン）、馬龍（マ・ロン）という個性的で強い選手に対して厳しい態度をとることもあった（写真は2016年リオ五輪）
＊写真はイメージ。本文とは関係ありません

大会までのカウントダウンは効果があるのか。緊張と焦りを作らないメンタル

「まだ時間はあるのだから 今何をやればいいだろう」と考えさせたり、大会が近づいても焦らない雰囲気作りのほうが有効

大きな大会の前。たとえばオリンピック、全日本選手権、インターハイ、全国中学校大会のような大きな目標、もしくは大きな大会の予選前になると「◯◯大会まで、あと◯日」という日め

くりを作っているチームを見かけます。

実際には、選手たちが大切な大会までどのくらいの日にちが残っているのかを知らないことはないでしょう。むしろ、そういうことを意識させないで「今できることをやっていこう」という考え方を持つべきだと思います。

もちろん、大会のことをあまりに考えていないとか、集中力を欠いている選手には効果があるかもしれませんが、オリンピックやインターハイなどの重要な大会日程を知らないような代表選手はいません。「オリンピックまであと○日」「インターハイまであと○日」という日めくりやカウントダウンは本当に必要なのでしょうか。

大会が近づいたら、1週間前からメンタルなども準備をすれば良いと思いますが、あまり早い時期から選手が焦ってしまうと、ある時期、しっかり練習をやらなければならないのに、表面的なことに目が向いてしまい、十分な準備をしないまま大会に入る選手もいるかもしれません。逆に、「まだ時間はあるのだから今何をやれば良いだろう」と考えたり、大会が近づいても焦らない雰囲気作りのほうが有効ではないでしょうか。

大きな大会の2カ月前くらいにメンタルサポートで強豪チームに呼ばれていくと、大会までのカウントダウンの日めくりを見ることがよくあります。実際に上位進出を狙っているチームにとって効果はあまり感じませんが、よほど頑張らないと大きな大会に出場できないチームにとっては「挑戦しよう」「みんなで目標に向かって努力しよう」という動機づけの方法になるのかもしれません。

しかし、出るためには相当苦しい試合が待ち受けているチーム、本大会に出られるか出られないか、入賞できるのかできないのかというボーダーライン(境界線)にいるチームや選手に対しては、心理的に焦らすような刺激と情報を与えるのはあまり得策ではないと思います。

カウントダウンの日めくりは、みんなで目標を設定して、その目標に向けて、「インターハイの優勝を目指そう」とか、「インターハイの入賞を達成しよう」という目標の確認と意識付けのために作っているのでしょう。しかし、「あと○日」というカウントダウンは選手自身が自分を追い込んでいく危険性もあります。

以前、JOC(日本オリンピック委員会)のメンタルマネージメントプロジェクトで研究した際に、オリンピックの2カ月前から、「選手の身体に緊張の反応が出ている」という論文を読んだことがあります。つまり大きな大会の2カ月前から自然に緊張が高まる選手もいるようです。ですから、あえて選手を追い込んでいくような状況、「あと○日」という視覚的な刺激を与えるのはプラスにならないと私は考えます。

「日めくりを外《はず》せ」とは言えないけれども、カウントダウンの日めくりがなくても選手は自然と緊張が高まっているので、もっと「今日の練習」に集中できるスローガンや言葉がけ、その一日に集中できる雰囲気を作ったほうが練習効果は高いと思います。

「大会まであと○日」という日めくりは士気を高めているのか、それとも選手たちにストレスを与えているのか

一方、指導者はカウントダウンの日めくりが選手を追い込んでいるとは考えていません。どのように選手の集中力を高めて、目標に挑戦させようかと考えているのです。「あと何日しかないから頑張ろうな、集中していこうよ」と悪気なく、士気《しき》を高めるために日めくりを作っているのかもしれませんが、すでに目標を意識して頑張っている選手に対しては焦りを誘ってしまいます。

選手が焦るとどうなるのか。選手たちは「これもできていない。あれも練習しなければいけないのに時間がない」と自分の足りない部分、自分のマイナス面が気になってしまい、大会直前になればなるほど、「自分は今、何をしたらいいのだろう」という焦りはピークに達して、パニックになってしまいます。

水泳選手がレース直前までヘッドホンをしている光景をよく見かけます。これは音楽などを

聞くことによって、レースそのものを過剰に意識しないようにするための行為です。意識すればするほど過緊張になったり、体全体が硬くなるので、水泳選手は直前までなるべくリラックスした状態を作ろうとしているのでしょう。選手自身は試合に向けて「緊張」や「焦り」を取り除き、試合では「平常心」の状態で、いかに普段どおりのパフォーマンスを発揮できるかが重要なポイントになります。

私は「負けてもいいんですよ、あなたがやりたいようにやればいいんですよ」と言葉がけをするようにしています。そう言っても、選手は「絶対勝ちたい」と思ってプレーするのです。周りの選手や指導者は「緊張」や「焦り」を取り除いてあげる言葉がけや雰囲気作りが大切です。「勝ちたいならどうやれば勝てますか」と問いかけて、選手には戦い方に集中させるような言葉がけをしていきます。「負けたらだめだぞ」「ミスしたらだめだぞ」という言葉がけは禁物《きんもつ》です。

「大会まであと○日」という日めくりは士気を高めているのか、それとも選手たちにストレスを与えているのか、もう一度考えてみてください。本当に上位を狙うような選手は、そういう日めくりがなくても大会の日程を把握し、自分がどの日にピークを持っていくのかを自覚しています。

一番重要なことは大会に向けて、その日の練習を集中してやり切り、実力をつけ、調子を上げていくことではないでしょうか。

2016年リオ五輪前のナショナルトレーニングセンターのカウントダウン（上写真・公開練習にて撮影）。リオ五輪で2個のメダルを獲った水谷隼（下写真）は「目に入るので、オリンピックまであと何日かと思うけど、あまり気にしてなかった。1カ月前には準備ができていたので、試合をしたくてウズウズしてました」と語った

第4章

魔法の言葉はあるのか

What's SPORTS MENTAL?
OKAZAWA, Yoshinori

自分を鼓舞する試合中のキーワード。「今やれることをやる」

自信を失っている人に「やれないことをやれ」と言っても無理。やれることを一生懸命やることが大切

試合をやりながら、うまくいかなくなった時に自分を鼓舞《こぶ》する「キーワード」を作ることは大切です。強い選手は誰でも試合中に自分を励ます「キーワード」を持っています。

ひとつの例を紹介しましょう。

2000年シドニー五輪前の1回目の代表合宿で、私は偉関晴光さんと話をしました。偉関さんは中国時代に韋晴光として1988年ソウル五輪のダブルスで金メダルを獲得した選手ですが、シドニー五輪前には30代後半になり、体力は落ちていました。

私が「偉関さん、あなたは体力が落ちたかもしれないけれど、良くなった部分はないですか」と聞いたら、「体力が落ちたのに良くなったところなんてあるわけないじゃないですか」と怒ったような言葉が返ってきました。

スポーツの世界では我々のようなメンタルサポートをする人間は、選手が自信を失っている時に、「それは違いますね」と言わなければいけません。つまり選手のネガティブ思考を覆《くつがえ》していくのです。私も怒った偉関さんを前にして何を言おうか、一瞬たじろいでしまいました。今では言ってはいけないことなのですが、とっさに「偉関さんはアホですか?」と重ねて聞いたのです。

関西弁では「アホ」と言うのは馬鹿者《ばかもの》という意味ではなく、「おまえ、考え方おかしいな、変わってるな」という意味があるのです。しかし、当然のように、そんな関西弁のニュアンスが偉関さんに伝わることもなく、偉関さんはさらに怒ったので、私は「ごめん、私が悪かった」と謝《あやま》りましたが、彼は許してくれませんでした。

「先生がそんなに謝るなら、試合で頑張れるキーワードを私にください」と偉関さんは言ってきたので、「わかりました」と引き受けたのです。「ただ、すぐにはキーワードは出てこないので、明日一日、ずっと偉関さんを見ています。そのあとに作ります」と答えました。

次の日、自分で「体力がない、弱くなった」と言っている人の心をどうすれば変えることができるのか、ずっと考えていました。体力が落ち、自信も失っている人に「やれないことをやれ」と言っても無理です。だから、「やれることを一生懸命やりましょう」という気持ちにさせようと考えました。

いくら以前より弱くなったと本人が言っていても、シドニー五輪の前には彼は全日本選手権で優勝していました。だから本人には「あなたが思うほど弱くなっているわけではない。『やるだけのことをやりましょう』。これがキーワードです」と言いました。

フィジカルトレーニングをする時にも偉関さんは一生懸命やる人だから、「やれることをやればいいんですよ」と言いました。その後の合宿でも私を見つけると寄ってきて、「岡澤さん、ぼく、やれることやってますよ」と言いに来るのです。

そして、シドニー出発前の青森での合宿では体力トレーニングの結果が印字された紙を私に見せて、「岡澤さん、ぼくの結果、他の人より高いですよ」と笑顔で教えてくれました。「偉関さん、『自分はベテランで、年寄りだからやれない』と思っていただけですね。やれることを

中国時代に五輪でダブルスの金メダルを獲り、日本に来てからは全日本チャンピオンになった偉関晴光だが、自信を失っている時期があった（写真は2000年のシドニー五輪）

やったら良くなったじゃないですか。良かったですね」と言いました。

さらに私はこう付け加えました。「でもね、偉関さん。私はシドニーには行けないんです。だから、シドニーのオリンピックのコートに入る前に『自分はやれるだけのことをやったんだ』と言い聞かせて、コートに入っていってください」と言いました。そして、「シドニーが終わって日本に帰ってきたら、どんな結果でもよいから私に『岡澤さん、ぼくはシドニーでやれることをやってきました』と言えるように、シドニーで戦ってきてください」と伝えました。

彼はシドニー五輪のシングルスのベスト8決定戦でワルドナー(1992年バルセロナ五輪金メダリスト・スウェーデン)に負けました。帰国した時に、「偉関さん、シドニーではやれることをやれましたか?」と聞いたら、「やれませんでした!」と言われました。

私は「なんでやねん。おれも少しは偉関さんにほめてもらいたいのに、やれることやれないってどういうことですか。それはないやろ。じゃ、どうするねん」と彼に突っかかっていったら、「ぼくはワルドナーに勝ちます。まだやります」と言い返したのです。「それなら彼に勝ってください。できるだけ早く私に報告してくださいね」と言ったら、その2カ月後の国際大会(スウェーデンオープン)で本当にワルドナーに勝ったのです。

大きくリードをしていて、そこから逆転負けする時、勝つ方法を考えることが停止した状態になっていないか

選手が「今やれることをやれているのか」と自分に問うことは重要です。どんなに追い詰められても、どんなに失敗しても、それを生かして次にやる時には「やれることをやる」「今自分がやれることは何か」と常に自問自答していけば良いのです。

自分を鼓舞するキーワードは一人ひとりが違っても良いのです。私は選手たちに「自分のためのキーワード」を自分自身で考えるように言います。そうすると「おれはできる」「大丈夫」というキーワードを考えてくる選手もいます。これは「おれはできない、大丈夫じゃない」というネガティブな言葉の裏返しのようにも聞こえます。そういう言葉ではなく、自然に自分の中に打ち解けていくようなキーワードのほうが良いのではないでしょうか。

柔道で五輪3連覇（アトランタ・シドニー・アテネ）した野村忠宏は、私が教壇《きょうだん》に立っていた奈良教育大の大学院の院生でした。私の研究室に来る前に、彼は1996年のアトランタ五輪の選考会を迎えるタイミングで、ひざを傷めていて、国内3位の選手でした。そして、「五輪選考

会も難しいし、これで引退します」というような弱気の発言をすることがありました。

野村と研究室で話をしている時に、その場に一緒にいた元水泳の五輪選手だった大学院生が野村にこう言いました。「五輪代表が決まる前に、そこに挑戦もしない選手はこの研究室には合わないと思うから、ここに来ても意味がない。挑戦する前に諦《あきら》めるやつはこの研究室には合わない」と。

私も「野村君、君もやれるところまでやったらどうですか? うちの大学院は五輪に行ったら合格するとか、五輪に行けないから入れないという研究室ではないから」と言いました。結果、彼は国内選考会で勝ち、アトランタ五輪の日本代表になり、オリンピックで金メダルを獲得しました。

アトランタ五輪で金メダルを獲った後、翌年の秋に世界選手権がありました。大学院生になっていた彼は研究室に来て、ため息ばかりつきながら新聞を読んでいました。そこには、「メダルに一番近い男」「これからは野村の時代だ」と書かれていたのです。それが彼の重圧になっていました。

そこで彼と話し合いをしました。彼はアトランタ五輪の前に世界選手権には参戦していません。つまり世界選手権に出るのは初めてだったのです。「それなら世界選手権の優勝に挑戦しよう。君はチャレンジャーだ。チャレンジャーは恐れない選手のことだ。だから戦うことを恐れるな」という話をしました。その後、彼はテレビの前でも「自分はチャレンジャー」と答え続け、大会に臨《のぞ》み、そして、見事に世界選手権で優勝しました。

「才能」をほめるのか、「努力」をほめるのか

才能ある、器用だと言われている人ほどなんでもできるがトップには行かない

指導者と話をすると、「あの子は才能あるな」「あの子は才能がちょっと……」と言う人がいます。同様に、「将来、この子は伸びる、強くなる」と説明する指導者もいますが、それは抽象《ちゅうしょう》的なもので、理解できるようでいて、実際には理解できない言葉でもあります。

たとえば、なんでもすぐに覚える子、習得の早い子がいます。一見すると、才能があるように

見えます。ところが、こういう子どもの特徴として覚えるのが早い分、同じことを繰り返して徹底してやり込むことはせずに、すぐに他の新しいことをやろうとします。そうすると平均的にいろいろなことはうまいのですが、ずば抜けて強い部分がない選手になることがあります。

私は昔、大学で教育学部の学生と、体育学部の学生を指導していましたが、教育学部の学生は器用にいろいろなスポーツの種目を行うことができます。その代わり、ひと通りなんでもできるのに、これはすごいレベルだ、というものがありません。

対照的に、体育学部の学生は飛び抜けたパフォーマンスを発揮できるものがあるけれど、それ以外のことがうまくできないという傾向がありました。つまり専門の競技は抜群にうまいけれど、他の競技をやらせると下手《へた》な学生が多くいたのです。

卓球でも小さい頃にあっという間にうまくなり、周りも「この子、天才かも」と思っていたら、その後、いろいろなことを覚えるけれども、試合になると勝てないとか、勝負弱いと言われる人が少なくないように思います。

器用にできる子どもほど、ひとつのことをコツコツやるのではなく、すぐにいろいろなことをやってしまう傾向があるのでしょう。

卓球という競技は技術の種類も多く、用具やプレースタイル、戦い方も限りなく多い競技です。器用にいろいろな技術を習得できる選手が強くなっていくように思われがちです。ところが、逆に言うと、そういう選手は、何かできないこと、克服しなければいけないことがあっても、すぐに違うことをやって解決しようとします。なかなかトップにはいけません。

それよりも毎日コツコツ努力を続け、ひとつのことをやり続ける忍耐力や集中力を持ちながら卓球をやれる子が将来強くなっていくケースは多くあります。トップでやっている選手というのは実は才能ではなく、努力を継続できる人ではないでしょうか。目の前の克服すべき課題を見つければ、それを乗り越えようとします。目標を定め、それをクリアしようとしたら、その手順を考え、一つひとつをクリアして、目標を達成しようとする人が将来トップに立つ人だと感じます。

オリンピックでメダルを獲った人も今まで数多く見てきましたが、そういう選手たちで、最初から飛び出していって世界の頂点まで行った人はいません。壁にぶつかっても諦めないで努力できる人、その努力を継続した人が世界で活躍しています。

トップに行くためには才能ではなく、日々の努力が欠かせない

小さい頃に「才能あるね」とほめられて飛び出していった子が、その後、伸びなくなるのはなぜでしょうか。才能をほめられたために努力を怠《おこた》る子もいるでしょうし、才能があると言われて、それが重圧に感じてしまう子もいるでしょう。

小さい頃に大会で優勝した子には、そこで満足することなく、将来的な大きな目標と同時に、少し先の小さな目標を設定させましょう。また、大きな夢を抱《いだ》き、「今、君はこの辺にいてまだ先は長いから、そのためにはこういう練習をしましょう」と説明しないと、大会で優勝したことに満足して、それ以上伸びなくなる子もいます。

小さい時に勝っていた子が勝てなくなるとモチベーションが落ちてしまい、卓球そのものを嫌いになることもあります。「君の目標はまだまだ先にあるのですよ、目の前の結果だけを気にしてはいけないよ」と言ってあげましょう。

私は「あなたは天才ではないよ、何もしなくてもできるような天才はいません」と子どもたちに言うことがあります。頑張って努力したら目標は達成できます。

子どもたちは「オリンピックに行きたいです、オリンピックでメダルを獲りたい」と言います。

それは夢です。スポーツをする人が夢を語るのは素晴らしいことです。レベルによっては「県大会で勝ちたい」『全中、インターハイで勝ちたい』、これも子どもにとっては夢かもしれません。

次に、それが夢ではなく、目標となった時にはあなたはどういう練習をしますか、どういう選手に勝っていきますか、その選手に勝つためにはどういう戦い方をするのですかと具体的なことを考えていくことが大切です。

夢を語っているだけでなく、それを目標にするために、どう努力していくのかを具体的に考えることが大事です。それがオリンピックでも、インターハイでも、県大会でも、目標にしたら、目標達成のための順番を整理しましょう。

一方、子どもが試合で勝ったりすると「うちの子は天才だ」と勘違いして、本来、目標は先にあるものなのに、目の前の試合で負けただけでものすごく怒ってしまう親もいます。そういうケースでは親がしっかりと子どもの目標を確認することも必要です。親が結果を気にすると、子どもも目の前の結果だけを気にするようになります。

トップに行くためには才能ではなく、日々の努力が欠かせません。練習をあまりせずにメダルを獲ったオリンピアンを見たことはありません。子どもたちをほめる時には才能ではなく、頑張って努力することをほめてあげてください。才能は生まれ持ったものというよりも、作り上げられるものかもしれません。

24年世界卓球団体の決勝で中国の王芸迪（ワン・イーディ）を見事なプレーでストレートで破った平野美宇。日々、練習を積み重ねた成果が出た

第5章

練習の時のココロ

What's SPORTS MENTAL?

OKAZAWA, Yoshinori

わからないことを「わかりました」と言う選手たち

好きではないのに卓球を続ける子どもたち。自分で考えて卓球をやったらもっと強くなるし、もっと楽しくなる

神経系の発達は小学校に入る頃に100%成長しますから、幼稚園の頃に卓球を始めるのは理《り》にかなっている部分もあります。筋力や持久力は卓球でも必要だけれども、それらが低いレ

ベルの時期でも練習や試合ができるのが卓球という競技の特性です。

近年、強豪の中学校に入る子どもたちはすでに5〜6年間、卓球をしっかりとやってきています。その子どもたちのメンタルはどうなのでしょう。

強い学校の中学生、高校生と面接すると「私、卓球がそんなに好きじゃないんです」と普通に言う子が増えてきました。「じゃあ、なぜ卓球をやめないの?」と聞くと「高校まで卓球をやめないと親と約束したから」と答える選手も多くいます。

「楽しいから卓球をやっているのではないんですか?」と聞くと、「家族みんなが卓球をやっていたから、自分ひとりだけ卓球をやらないわけにはいかなかった」「練習を続けていれば強くなるし、親も周りも期待するけど本当は卓球が好きじゃないです」と言うのです。

私はこう問《と》いかけます。「君は本当は卓球が好きなんでしょ。本当に嫌いだったら続けることは難しいと思います。本当は卓球が好きなんだけど、育っている過程の中で、こうしなさい、ああしなさいと言われて、自分の思いどおりにできないし、親の言うとおりやって試合で負けたらメッチャ怒られる。それが嫌なんでしょ」「親とかコーチの君への接し方が気に入らないだけでしょ? 気に入らないのはわかる。でも卓球は本当は好きなんでしょ? 君が自分で考えて自分で卓球をやったらもっと強くなる。今までは基礎を作る時期だから、ああしろ、こうしろと言われたかもしれないけど、ここからは君が卓球を楽しむ時期なんでしょ?」。そうすると、否定せずに「そうかな」と言い出します。

指導者や親はその子のことをものすごく愛しているし、強くなってほしいと思っている。卓球に関して親は相当に期待していると思います。ただし、自分の価値観と子どもの価値観は同じだと思っているのかもしれないけれど、子どもには子どもの価値観があります。

子どもが夢を追いながら、チャレンジすることは素晴《すば》らしいことです。自分の人生を懸《か》けて挑戦する子もいるかもしれない。その時に「目標が達成できない、夢に近づかないからダメ」ではない。挑戦することが素晴らしい経験になります。「子どものやりたいことをやらせればいい」と親に言うと「先生、責任取れるんですか」と聞いてくる人もいます。親は子どもに危険を冒《おか》してほしくないと思うものです。

体罰は許されない。それ以上に言葉による暴力は選手の心の傷を深くしてダメージを与える

昔は選手を殴《なぐ》る指導者もいましたが、子どもが憎《にく》くて殴る人（指導者・親）はいません。子どもにまじめにやらせるために殴ってしまう。しかし、それはもちろん許されません。

学校の体罰防止の研修会にも呼ばれたことがあります。最近、学校でも殴るなどの体罰は減りましたが、言葉での暴力がまだ多くあると思います。殴ったら肉体的な痛みで終わることが多いと思いますが、言葉で傷つくことを言われるのは子どものメンタルにダメージとして残ります。指導者は「この子のために言っている」と思っているかもしれませんが、その言葉で子どもが受けるダメージを推《お》し量《はか》れないのです。

殴りたくなる、言葉で怒りたくなる時に、指導者、親も一回深呼吸をしましょう。そうすれば気持ちが少し落ち着きます。カッとなった時に、その感情のまま言葉にしてぶつけると、言わなくてもいいことをバーッと言ってしまうものです。

私の場合は本当に怒りたい時には黙るようにします。そうすると、学生たちも黙っている私を見て、「岡澤先生、なんか怒っとる」と気づきます。

怒りに任せて何か言ったら取り返しがつかなくなるけど、黙っていて、時間を置いたあとで学生に「先生、怒ってたでしょ?」と聞かれて、「そうや、怒ってたよ」となって、「おれはこう思っていたから怒ってたんや」と冷静に言えるし、学生も聞いてくれます。いきなり指導者・親・先生にガーッと言われると、言われるほうも聞く耳を持たなくなります。

昔、吉田安夫さん(故人/熊谷商高・埼工大深谷高・青森山田学園総監督)と一緒に中国に行った時、厳しいと聞いていた吉田先生が中国で空《あ》いた時間に選手たちへのお土産《みやげ》を買っていて、選手に対して非常に厳しい面と優しい面があるように思いました。厳しいだけではあれだけ強いチームは作れなかったと思います。一度吉田さんが教えている選手たちに「吉田先生は厳しいと聞くけど、大丈夫か」と聞いたことがあって、「大丈夫ですよ」と言っていました。厳しい面と子どもたちを惹《ひ》きつける面があったのでしょう。

吉田さんも私の考え方からは逸脱《いつだつ》したところのある厳しい監督でしたが、同時に選手に対する優しさも持っていたと思います。怒らないとダメな選手に対しては厳しく怒るけれど、怒らなくてもやれる選手には怒らない。選手を見ながら怒り方を変えていたと思います。ただ、怒られた選手は自信をなくしてしまうので私個人としては怒ることに反対です。将来伸びていく人はあまり怒られた経験を持っていない人なのです。

私は体罰にもともと賛成していません。体罰は愛がなければただの暴力です。それはもちろん許されないものですが、言葉の暴力のほうが選手の心を深く傷つけることがあります。ただ吉田さんのところを卒業したあと、教え子が吉田さんを旅行に連れて行ったりした話を聞いたことがあります。嫌っている人もいたと思いますが、ただ厳しいだけの監督にそこまではしないと思います。

私が指導者と話をする時に、「ただ厳しい言葉を並べるだけでなく、選手に『おれはこう思うけど、おまえはどう思う?』と聞いてください」と言います。「自分で思ったことを言ってごら

2021年全国中学校大会で目標に向かって挑戦する選手
（本文と写真は関係ありません）

ん」と言うと、選手も話してくれます。

選手に話を聞くと、「監督が怒ったら何を言っているのかわかりません」と言います。そして最後に監督から「おまえそんなことやってるなら試合に出さないぞ」と言われたりします。監督は何の気なしに言っているかもしれないけれど、選手は落ち込むだけです。「試合に出さないぞ」という言葉はスポーツの世界では脅《おど》しになるし、口癖《くちぐせ》のように言う指導者もいます。

指導者が一方的に怒るのではなく、これからは選手の話を聞ける指導者のいるチームが強くなるのではないでしょうか。

わからないことを「わかりません」と言えることが指導者と選手、親と子どもの関係のスタートなのです

ある県の水泳の「飛び込み」チームにメンタルトレーナーでついたことがありました。小学5年生が3人、大会の代表に選ばれていて、大会に監督と私がついていくことになり、夜に子どもたちと面接することになりました。2人は大丈夫でしたが、3人目の選手（A君）は口数の少ない子だったので、そこでもうひとりの子（B君）を呼んで、3人でミーティングをしました。そ

こで私が「この大会の目標はなんや？」とA君に聞くと、「ドベ（ビリ）にならないこと」と言ったのです。

私は「いくらなんでもドベにならないことが目標はないでしょ。おれもドベにならない方法を考えるのは嫌《いや》や。せめて入賞したいと言ってくれ。そうしたら入賞するために何をしようかと考えるわ」と言いました。そうしたら、そのA君が「入賞したい」と言ったので、もうひとりのB君に「この子が入賞するために何が必要なのか考えてくれ」と言ったら、彼はこうアドバイスしました。

「監督がいろんなこと言うやろ。おまえ、その意味がわからんやろ？　そうしたら飛び込む時に何をしたらいいかわからんようになるやろ？」とB君が言うと、「うん」とA君はうなづきました。「だから、おまえが聞いて大切だと思うことを一個だけ意識して、他の内容は考えるな」と言ったのです。私は「おもろいやん。おれもそれでいいと思う、それで行け」と言いました。いろいろなことを言われても、「飛び込み」という競技は一瞬で終わります。

そうしたらアドバイスしたB君がジュニアオリンピックカップ（全国JOCジュニアオリンピックカップ水泳大会）で優勝しました。つまりB君のアドバイスは自分がやりたかったことだったのです。たくさん言われても自分が混乱するので、ひとつだけ聞いてあとは考えないようにしたことで、競技に集中できました。「入賞が目標」と言ったA君も7位に入賞しました。

優勝と入賞を決めた後に、マットを敷《し》いて休んでいるA君とB君のところに行って、「おまえら、次からは監督に何か言われた時にわかったふりをしたらだめだぞ」と言いました。そうしたらB君に「監督から『言ったことわかったか』と言われたら、『はい』か『わかりました』しか言えないんです」と言われました。

たしかに私が学生に対して授業する時、私も「今の話、わかった人」と言うと、全員手を挙《あ》げます。それで、誰かを当てて「今の話、説明してみぃ」と言うと「わかりません」と答える学生が多くいます。

プロ野球の選手たちに「指導者に『わかったか』と言われて、わかっていないのに『わかりました』と言ったことのある人は？」と聞くと、全員手を挙げました。

それからは行く先々で同じ質問をすると、わかっていないのに「わかりました」と答えたことがある選手がほぼ100％でした。中には、「指導者に怒られていろいろ言われる。怒られたことを少しでも自分の頭の中に置いておくと、めちゃくちゃ腹が立つから、耳をちくわのようにして、右から左に流すようにする」と言った選手がいました。

選手がわかったふりをして「はい」と言うのは、なぜでしょうか？

それは、もし「わかりません」と答えると、「なんで、これがわからないのか」と指導者にさらに怒られると思っているからです。「わかりません」と言って、指導者に突っ込まれるよりも、「はい」と言っておけばその場で指導者の説教やアドバイスが終わるからです。これは卓球に限らずどの競技でもある話です。

あるプロ野球チームに行った時に、いつも怒られないような選手がコーチから怒られていました。怒られた後に、そ～っと近づいて「おまえなんで怒られたんや」と聞くと、「いや、自分でもその理由がわからないです」と言うから、「わからないのに謝《あやま》ったのか」と聞きました。選手と指導者の関係で、「なぜぼくは怒られるんですか」と面と向かって言える勇気を選手はなかなか持てないのです。

指導者が怒る時に、「なぜおれがおまえのことを怒ったか理解できたか？　わかったらその理由を自分の言葉で説明してみて」と優しく選手に言ってください。もし「そんなこともわからんのか！」と高圧的に怒れば、子どもは次から「はい、わかりました」としか言わなくなります。

怒られた理由を子どもが理解すれば、自分で考えて修正しようとします。しかし、一方的に怒ってしまうとその考える機会を奪《うば》うことになります。

わからないことを「わかりました」と言ってしまったら、学ぶことができません。わからないことを「わかりません」と言えることが指導者と選手、親と子どもの関係のスタートなのです。

「わかりません」と選手に言われて、教えてあげない指導者はいません。そこで選手が聞きに来た時に、「おまえそんなこともわからずに今までやっていたのか」と指導者が言うと、選手はまたシュンとなってしまいます。その言葉で選手は指導者から離れていきます。その時に指導者が「おまえ、よく気づいたな。良かったな、まだ間に合うぞ」と言ってあげれば、選手は次も聞きに来るようになります。

卓球という競技は小さい（年齢が低い）うちから練習を始める競技です。小さいうちは自分で考えることができないケースも多く、そうすると指導者が「こうやれ、ああやれ」と子どもたちに指示してしまうことになってしまいます。

先日、アンダー10（10歳以下）の選手が集まる卓球の合宿に呼ばれてメンタルサポートをしました。指導者は「まだ10歳以下の子どもだからメンタルのことを言っても理解できないと思いますよ」と私に言ってきました。しかし、実際には子どもたちは私が教えた呼吸法や考え方を頭に入れて試合をしていました。10歳以下の子どもだから理解できないと大人が決めつけてはいけません。

指導者に「これはこうだぞ、わかったか」と言われて、わからなかったら、「わかりません」と指導者に聞いてみましょう。「それはこうやるんだぞ」と言われたら、一度選手もそれをやってみましょう。

やってみてうまくいかなかったら、「コーチ、やったけどもうまくできませんでした。どうしたら良いでしょう」と聞きに行ったら良いのです。もしその場に私がいたら、その子に「よう聞けたな、良かったな」とほめます。「そのうち、うまくできるようになる。必ず勝てるようになるで」と言ってあげます。

子どもたちが自分から「わかりません。これどうしたら良いですか」と聞いてくる関係を指導者が作るように心がけてください。

環境を言い訳にしているあなたは、負ける理由を探している

自ら求める選手は考え、工夫する。素晴らしい環境を「与えられた人」は考えることをやめる

世界を目指したい、全国大会に行きたい、県大会に行きたい、市町村の大会で勝ちたい、というように選手はそれぞれが目標を持っています。その目標に向かっていく中で、各チーム、各

選手が「環境が十分でない」と思うことがあるはずです。

「練習時間が足りない」「部員が練習するだけの卓球台が十分にない」「指導者がいない」「遠征するお金もない」というようにマイナスのことは探せばいくらでもあるでしょう。そこであなたは諦めますか？ そこで無理だなと諦めたら、道を閉ざすことになります。

「ないもの」が多くてもあなたは試合で勝ちたいはずです。しかし、「うちは良いコーチがいないから無理」「1日2時間しか練習できないし、相手チームは練習時間が多いらしい」というように「ないもの」を言い訳にしている段階で、あなたは試合前に負ける理由を探しているのです。

公立の中学校の部活では1日2時間、週休2日と言われていますが、練習時間が足りないと思ったら、その2時間を最大限の工夫と集中力を持って練習すれば、良い練習はできるはずです。さらに練習をやりたいのならば、卓球台があって練習のできる場所を探すのはどうでしょうか。

指導者がいないのなら、指導者を探してみましょう。今は動画でも研究できますし、卓球王国のような雑誌もあります。あなたの近くにいる卓球の先輩やチーム以外のコーチに「どう打てば良いですか、どのような練習をすれば良いですか」と聞けば、教えてくれる人はたくさんいるはずです。

もしくは、練習試合に行って、そこのコーチが選手たちにどういう指導をしているのかを見たり、聞いたりすることも勉強になります。

選手や指導者が短い時間の中で工夫すること、努力することで逆境を克服することはできます。卓球台が少ないならば、その少ない台でどう工夫すれば練習効果を上げられるかを考えます。マイナス要素の不満を口に出すだけではなく、その一つひとつの問題をどう解決していくのかを考えることが大切です。マイナスの環境だからこそ頑張る力が身につくのです。

一方、恵まれた環境で練習している選手たちは、さらに環境の良いチームなどを探して、現状の不満を言ったりするものです。環境に恵まれている選手たちは、練習時間、指導者を含めた環境を与えられているわけです。「与えられる」のが当たり前になっていると、前述した逆境の選手たちとは反対に、指導者から良いことを聞いても頭に入らなくなり、長い練習が当たり前になると、集中力も落ちて、長い練習時間をどうこなすかと考えてしまいがちです。

自分がやりたい、自分が強くなりたい、という強い気持ちがあれば、多くの問題を自分で解決しようとする

周りから見たら羨《うらや》ましがられるような環境を持つ強いチームの選手と話をしても、それぞれが「これが足りない」「これをやってほしい」「練習をやりすぎてここが痛い」と言い出したりします。それらはある種の言い訳を探している状態です。

逆境に強い選手というのはマイナスをプラスに変える力を持っています。ところが、マイナスの部分を言い訳にする選手は試合では勝てません。マイナス部分をどのようにプラスに変えようかと工夫をする選手、逆境であってもハングリー精神を持っている選手が強くなる選手です。

元世界チャンピオンの荻村伊智朗さん(元国際卓球連盟会長)は無名時代に全日本、世界チャンピオンのもとを訪ねて教えを請《こ》うたそうです。また、強い練習相手を求めて東京都立大学から日本大学に転校したと聞いています。

「自ら求める力」を持った人が強くなっていく例です。歴代のチャンピオンは誰もが環境に恵

まれていたわけではありません。

荻村さんのように指導者のいない選手は必死になってチャンピオンの言葉に耳を傾けたでしょう。必死になってアドバイスを聞くでしょう。いつもコーチがいるチームの選手は「またコーチが言ってるな」と聞き流してしまうものです。

条件に恵まれていないチームのほうがハングリー精神があるために強くなる可能性があります。環境の良い強いチームで練習していると、選手たちもそれが当たり前と思っていることがあります。メンタルのサポートでも、「コーチに言われて、岡澤さんのところに来ました」という選手と、自分のメンタルの問題を解決したいために私のところへ来る選手では聞く態度も意識も違います。

日本の男子選手がヨーロッパなど海外での練習や試合を通じて、メンタルが強くなったという話をよく聞きます。なぜ海外に挑戦する選手が強くなったり、メンタルの状態が良くなるのでしょうか？　海外での生活のほうが食事や言葉の問題もあり、辛《つら》いことも多いはずです。しかし、彼らは自ら求めて戦う場に向かうのですから、「行くと決めた」時点で精神状態がポジティブになっています。

自分がやりたい、自分が強くなりたい、という強い気持ちがあれば、多くの問題を自分で解決しようとします。そこで選手たちは経験したことのないエネルギーの出し方や工夫することを

高校から卓球を始めて、21歳で世界チャンピオンになった荻村伊智朗。指導者に恵まれない中、常に自分で創意工夫をして、卓球のために生活のすべてを捧げ、世界の頂点に立った。のちに国際卓球連盟の会長に就き、卓球の改革に着手。1994年に逝去（せいきょ）した

覚えます。ところが、常にチームから与えられている環境、何不自由のない環境では自ら問題を解決しようとする気持ちは沸いてこないために、両者では自《おの》ずと差はついてしまいます。

指導者に恵まれない選手たちは自分たちで教え合ったり、情報を集めたり、たまに練習試合があると、相手チームの指導者がどのように教えているのか、聞き耳を立てながら吸収しようとするでしょう。

練習量が少ないと感じている選手はボールを打てない時間で体力トレーニングなどに取り組みます。足りないものを補《おぎな》おうとして頑張ることが強くなる原動力になります。いつでもできる環境にいると、いつでもできることはやらなくてもよいと考えてしまいます。

お金がなければボールも大切に使うでしょう。卓球台も大切に使うでしょう。遠征や練習試合に行くのも「当たり前のこと」ではなく、ハングリーな選手たちにとってはとても大切な機会になるので、集中した有意義な時間になるでしょう。

一方、日本では立派な練習場を持つ学校やチームも増え、フィジカルトレーナーのいるチーム、専任コーチがいるチームも増えました。しかし、豊富な練習時間があり、練習場などの素晴らしい環境で育った選手がみんな強くなっているのでしょうか。「ない」ことよりも「ある」ほうが良いけれども、時間、お金、指導者が不十分な環境でも強くなれます。問題意識を持っている選手は自分で考える選手になっていきます。

環境を言い訳にしているあなたは、負ける理由を探しています。素晴らしい環境にいるあなたは「与えられる」ことに慣れすぎていないでしょうか。環境は選手にとってのすべてではありません。卓球のコートでの主役は「強くなることを考え、工夫する」あなた自身です。

「練習をやらずにはいられない」選手たちと、「言い訳作りの怪我や故障」をする選手たち

「ここまではいいけど、これ以上はやらないように」と言われても、アスリートは本能的に「やらずにはいられない」状態に陥る

1980、1990年代の日本代表選手は、ほとんどの人が故障を抱えている状態でした。

当時は「卓球は同じフォームで何万回もラケットを振るから故障も出るのだろう」と理解してい

ました。今の時代の選手は故障予防のために普段からフィジカルトレーニングを実施したり、フィジカルに関する知識も以前の選手よりはあるので、故障を抱えている選手が減った印象があります。

それでも、レベルの高いところを目指す選手の中には、怪我《けが》や故障を抱える選手は多くいます。特に卓球は練習時間の長い競技なので、故障や怪我はついてまわります。また、「強くなる＝長い練習時間が必要」と考える指導者は少なくありません。

強くなろうと思ったら、強度のある練習を課すのは避けられないことです。本来は事前にそうした強度の高い練習に耐えられる体を作っていくことが大切ですが、ほとんどの場合はフィジカルの強化と打球練習は同時進行になりがちです。フィジカルのトレーナーがいるならば、「この選手にはこのくらいの負荷《ふか》の練習やトレーニングなら大丈夫だろう」と判断する必要があります。

怪我や故障には、突発的なものとオーバートレーニングによるものがあります。練習をやりすぎた結果の怪我はある程度予測できますが、突発的なものは予測できないこともあります。これはいかなる場合にも起こり得ることです。

その怪我や故障が起きた場合、何が原因なのかを見つけなければなりませんが、痛みが出て、町の整形外科の医院に行けば、「安静にして休むように」と言われるでしょう。何もやらないほうが治るのが早いからです。しかし、選手はそんなに長く休めないのも現実です。

通常、ひざを傷めたら、上半身だけのトレーニングは続けようとか、手首とひじを傷めたので下半身のトレーニングは続けようと考えるものです。以前、私の研究室にいた柔道の野村忠宏さん（五輪3連覇）が五輪4連覇を目指していく過程で、ひざを傷めたことがあります。柔道の練習ができないために、ウエイトトレーニングで上半身を鍛えたら、ボディビルダーのような体になって、さすがにそれはおかしいだろうという話をしたことがあります。彼の話を聞くと「練習をやらずにはいられない」という精神状態になっていたのです。アスリートは練習をやらないと不安でしかたないのです。

特に世界選手権や五輪を目指すトップ選手は練習をやらないと不安が大きくなってしまいます。怪我や故障を徐々に回復させなければいけないのに、ドクターやトレーナーに「ここまではいいけど、これ以上はやらないように」と言われても、大会が迫っているとアスリートは本能的に「やらずにはいられない」状態に陥るものです。そうなるとどうしても練習を「やりすぎ」てしまい、治りかけていた体が怪我や故障の状態にまた戻ってしまいます。体のことは自分で判断するのではなく、ドクターやトレーナーに相談して、「やっていい」という許可が出るまではやらないで、「ここまではやっても大丈夫」ということだけを行いましょう。

試合に出ると決めたからには、自分ができる範囲の中で勝つための戦術を考え、ベストを尽くすべきです

卓球に限らず、スポーツ選手の中には怪我や故障を言い訳にしている人もいます。試合前に「ぼくは故障しているので、この試合、うまくやれるかどうかわかりません」と言う選手がいますが、これは言い訳作りです。

試合に出るというのは、つまり「勝ちにいく」ということです。怪我や故障で本当に試合ができないのならば試合に出なければよいのです。「試合に出る」と決めたからには、「こういう動きはできない」などプレーに制限はかかると思いますが、その範囲の中で勝つための戦術を考え、ベストを尽くすべきです。

私が過去にオートバイの選手のメンタルケアをした時に、前年度の日本チャンピオンがアメリカのツアーに参戦しました。国内に残った前年度2位の選手が最初のレースで転倒して怪我をしてしまいました。2戦目の練習走行でも転んでしまい、また怪我をして本戦は走ることができませんでした。チャンピオンが出ないので、負けるわけにはいかない状況に追い込まれた

のです。

大会前のテスト走行のたびに転倒してしまい、本人は意識して転倒しているわけではないのに、「ぼくは転倒して怪我をしているからレースで勝てないんだ」と言い訳を無意識に考えてしまい、無意識に転倒する状態に陥っていたのだと思います。

他の競技でも全く同じようなことが起きていて、これは「言い訳作りの怪我と故障」だと思いました。そこで結果を出さないと翌年の契約がない。「でも怪我をしていたからしょうがないね」と考えてくれるはずだと選手は信じている。しかし、実際には勝負の世界はそんなあまいものではありません。

負けたらどうしよう、絶対負けられないという状況になると、大きな大会の前に怪我や故障をする選手がいます。負けられないというストレスがその選手を「言い訳作りの怪我と故障」に追い込んでしまうのです。

大会のたびに怪我や故障が頻繁《ひんぱん》に起こる選手は、体だけの要因ではなく、少なからずメンタルも影響しているように思います。もしくは過度のストレスを「痛み」として感じてしまう選手もいます。

「負けそうだな」と思うと試合前にことさら自分の怪我や故障を周りの人に言ってみたり、試合中に急に足を引きずり始めたり、口に出した時点で現実から逃避しようとしているのかもし

2019年世界選手権ブダペスト大会前から左ひざを痛めていたものの優勝。大会後に手術して、その後、2021年東京五輪で金メダルを獲得した馬龍（中国）

れません。

卓球の試合でよく見かけるのは、ミスするたびにラケットを見ている人です。さも「おれは悪くないのに、どうも用具がおかしいな」という仕草《しぐさ》です。それが用具ではなく、自分の体のせいにするのが「言い訳作りの怪我と故障」なのです。

私がそうした選手に相談されたら、こう言葉がけをします。「負けてもいいけど、あなたはどんな試合をしたいんですか、どんなサービスを出したいんですか、どんなレシーブをしたいんですか。足が痛いと言っているけど、試合はできるんですか、できないんですか。できないなら試合に出るべきじゃない。試合に出るからには今やれることを精一杯やりましょう」。

もちろん言い訳作りのための怪我ではないこともあるので、チームリーダーや監督はあくまでもドクターやトレーナーと相談しながら、選手の出場の可否《かひ》を決めるべきです。試合を行ったことで、怪我や故障が悪化する場合もあるので、そこにも気をつけなければいけません。やれることをやって負けてもしかたない。しかし、負けを受け入れれば、その経験はこれからの卓球人生の中で必ず役に立ちます。

一方、現実的に怪我や故障で試合に出場できない選手もいます。その選手にはこれが卓球人生で最後の大会ではないだろうから、試合に出られずに残念だったという気持ちを周りの人も共感すべきでしょう。出られないのは残念だけど、無理に試合に出たことによって悪化するかもしれないから、将来的にはそのほうが良かったと思いますと言ってあげたらどうでしょうか。

ただし、自分が怪我や故障で休んでいる時に自分のチームメイトやライバルが結果を出すと辛《つら》いものです。そんな時には正直なところ、チームメイトでも応援できないと言う人もいます。でも、チームメイトが強くなったことを喜べる人間になりませんか。

チームメイトが強くなったことを妬《ねた》むのではなく、チームメイトが強くなれば、いずれあなたも強くなれます。仲間が強くなることを応援できる人間なら、今度はあなたが試合に出て、その選手が試合に出られない状況になっても、その選手はあなたを応援してくれます。

自分がプレーできない時に仲間が頑張っていて、それが羨《うらや》ましいと思うのではなく、仲間にもっと強くなってほしいと思えば、あなた自身がもっと強くなれるのです。

休んで強くなることがある
レミニセンス効果とは？

**休むことはマイナスだけではない。
休んだ後の「さあ、卓球をやれるぞ」
という時の練習効果は高い**

多くの選手は故障して練習を休むことで不安が高まり、「練習をやらずにはいられない」という精神状態になります。

つまり、練習を休んでいるから弱くなる、マイナスだと考えているのですが、休んでいるからこそできることがあります。たとえば練習場でボーッとしているのではなく、チームメイトの練習を見ながら、自分のプレーに活かせる技術や練習方法がないか考えたり、自分より強い人の練習を見ながら弱点を探して、次の部内リーグに活かすこともできるかもしれません。そう考えれば休んでいても気持ちの落ち込みは少なくなります。

休んでいる時に焦ったり、マイナスのことだけを考えるのは精神的にも良くありません。休んでいる間に強くなる、もしくは休んだ後に向上していく「レミニセンス効果」（運動休止効果）という現象があります。これは故障や怪我で運動を中断していて、通常は中断前よりも下から再スタートするものですが、怪我をする前の状態よりも良い状態からスタートする現象のことです。（157ページの図参照）

また、オーバーワークで体が疲れていたり、ストレスを強く感じて精神的にも疲れている場合は、心身ともに疲れた状態で練習を続けていくよりも、休養してから練習を再開するほうが効果が高いケースがよくあります。完全に休息を取らなければならないとしたら、それはすべてがマイナスになるわけではなく、プラスに作用するケースもあることを頭に入れてください。

「1週間練習をやらないとダメだ」「1日練習を休むと感覚がなくなる」というようなことを

日本ではよく耳にします。しかし、その恐れというのは選手自《みずか》ら、もしくは指導者が作り出しているものかもしれません。休んだ後に感覚がずれてしまうことはあるかもしれませんが、それは取り戻せるはずです。1週間休んだからといって、本当に休む前の感覚を失うのでしょうか。

卓球に限らず、日本のスポーツ界では昔から休むことがマイナスだと思われていて、実際のマイナス効果をことさら強調しているのではないかと感じることがあります。体が疲労していたり、ストレスが溜《た》まった精神状態は、休養している時に回復していきます。

また、選手も怪我や故障で休んでいれば、いずれ卓球をやりたくなります。はやる気持ちを抑《おさ》えながら、しっかり休んで体を治していけば、思い切り卓球ができる日が来ます。その時には精神的にも疲れた気持ちではなく、「やっと卓球ができるぞ」「さあ、頑張ろう」という沸き立つ気持ちになっているはずです。そうした状態での練習は高い効果が期待できます。体が疲れて、メンタルも疲弊《ひへい》している状態での1時間の練習と、リフレッシュされた状態での1時間の練習では効果が相当に違います。これは、休むことがマイナスの方向ではなく、プラスの方向に動くケースです。

レミニセンス効果

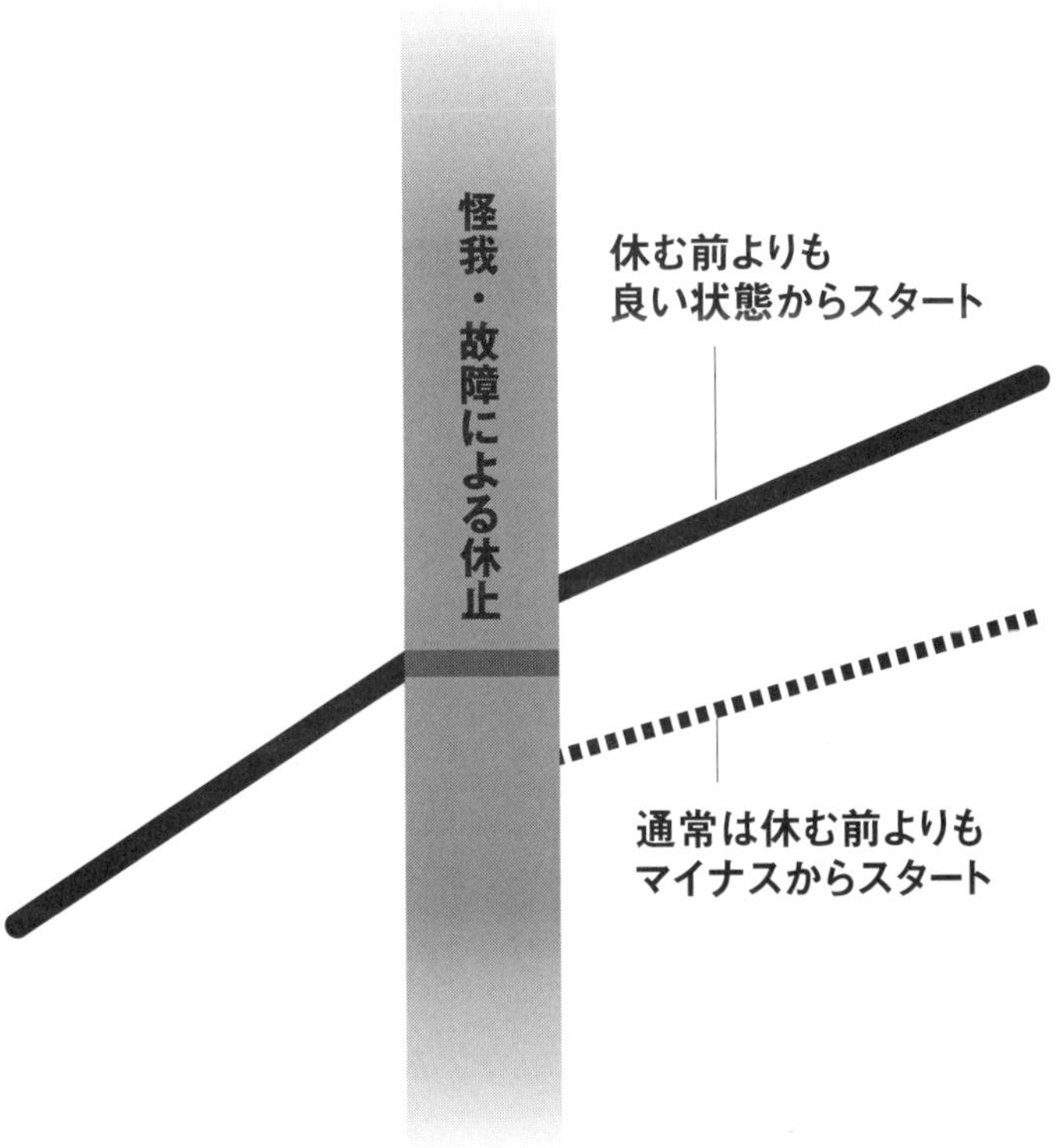

休むことで卓球への
モチベーションは高まる。
「休む勇気」がないと強くなれない

意外なことに、ふだん練習をサボりがちな選手のほうが怪我をした時にしっかり休まず、医者から「まだやるな」と言われているのに練習を始めて故障が長引くケースもあります。つまり、練習を休んでいる時には、ふだん真面目な選手でも、サボりがちな選手でも、「卓球をしたくなる」気持ちは同じだということです。

有名な話ですが、プロ野球の千葉ロッテマリーンズの佐々木朗希選手は高校を卒業してプロ球団に入った後、球団は彼の体のことを考えて、試合に出さないでしっかりと体作りをさせ、試合で少しずつ投げさせていました。実際には選手であれば誰でも試合に出たいはずですが、そこで周りのスタッフが体作りを優先したからこそ、今の活躍があるのだと思います。

それは選手の将来を長いスパンで考えている証拠です。卓球ではどうしても技術を習得するために練習時間が増え、反復練習が多くなりがちですが、選手の成長期には過度の練習を控えさせたり、故障した時は無理をさせないことが大事です。ボールを打てない時には「卓球をや

25年以上、世界のトップクラスで活躍したティモ・ボル（ドイツ）。幾度となく故障を乗り越え、長い選手生活を続けている

りたい」という気持ちが膨《ふく》らんでいきます。また、休んだことで「卓球をやれる喜び」も感じるので、それをエネルギーに変え、プラスの方向に持っていけば、休むことは決してマイナスにはなりません。

考えてみてください。自転車の乗り方は覚えるまで時間はかかるけれども、一度乗れるようになったら忘れないものです。卓球もある程度時間をかけて覚えた技術は簡単に忘れるものではないでしょう。

逆に時間をかけないで覚えた技術の感覚は、休むと忘れることはあるかもしれません。しかし、時間をかけて身につけた技術は、覚えた後も定期的に使っていれば忘れない。細かい部分で言えば、たしかに感覚というものは大切だと思います。しかし、実際にその感覚は簡単には忘れないものなので、休むということをあまりネガティブにとらえないほうが良いと思います。

卓球選手や野球のピッチャーは非常に繊細《せんさい》で、感覚を重視しているために「休んだら感覚が戻るのか心配だ」と口にしますが、私は「大丈夫、やっていれば戻るから」と伝えます。

強豪チームの選手と話をすると、「週に1日くらいは休みたい」と言う選手もいます。そういうチームは年に数えるほどしか休んでいないのです。目標の高いチーム、「自分たちは弱いから練習するしかない」と考えているチームは「休む勇気」を持てないものです。

また、チームで「休みの日」を作っても、その休みの日に練習することでコーチや先生にアピールしたり、評価してもらおうと考える選手もいます。そうした練習は実は「やっているふりをしている練習」なので身につきません。そういう選手は普段の練習でも「評価してもらう」ことを気にするので、強くなるための練習をできないことが多い。それよりもしっかり休んで気分をリフレッシュさせて、休みが終わってから集中して練習をやるほうが強くなると思います。

休むことで、その後の卓球への取り組みやモチベーションも高まります。あなたも「休む勇気」を持ちましょう。

突然、打球動作がおかしくなるイップスとは何？「思い込みイップス」はすぐ治る

変な打ち方になった時に、「もしかしたら」と不安になってしまう選手

私のところに、イップスの状態になった選手が相談に来ることがあります。「イップス」（イップス症状）とは、大事な場面になると身体（筋肉や神経）が思うように動かない状態のことをそう呼びます。一方、その原因が技術的なものなのか、大脳の機能の問題なのかというイップス

の原因に関する論議があります。

私の専門はメンタルなので、心が原因で思うように身体が動かないことを考えると、防衛機制(困難に直面した時に不安を減弱させるために無意識に作用する心理的メカニズム)として、イップスという形でストレスや不安から心を開放するために、その競技ができないようになるのだと考えています。

卓球で言えば、サービスやレシーブで、相手コートに入れようとした時に全く関係ない方向にボールが飛んでいってしまう、正しいラケット角度が出せない状態です。また、野球の例で言うと、キャッチャーが先輩ピッチャーにちゃんと返球できなくて、いちいち走ってマウンドまでボールを持って行って渡したとか、キャッチャーには全力で投げられるピッチャーが、緩《ゆる》いボールを一塁に投げられないこともイップスの症状としてあります。

卓球でもイップスの症状が出た選手をサポートしたことがあります。ある高校2年の卓球選手がイップスの相談に来ました。この選手はフォアハンドを打つとラケットがクルッとひっくり返るようなスイングになっていて、打球するとボールは天井に向かって飛んでいきます。

そこで「ゆっくりと良いイメージを持って振ってごらん」と言っても、同じようにラケットはひっくり返ります。これは何かストレスを抱えていて、防衛機制でスイングがおかしくなっているのではないかと思ったので、「時間はかかるけど治していきましょう」と伝えました。週2

回ずつくらい面接をして、徐々に良いイメージができてきて、少し打てるようになりました。本人には打ってみて、1回でもラケットがひっくり返り、上にポーンと打った時にはその日の打球練習をやめるように言っていました。治るまでは半年間くらいかかりました。

この選手は高校1年の時にかなり活躍して、「2年生になって自分が中心になってエースで頑張ろうと思ったらイップスになった」と本人は説明してくれたのですが、もう少し詳しく聞いてみました。この選手は監督の家に下宿していました。学校での練習では監督はとても厳しい方ですが、家ではそうでもありませんでした。監督も選手たちに気を遣って、食事の時間には帰らずにわざと遅く帰っていたようです。

しかし、家でテレビゲームで息抜きしようと思っても、「一生懸命世話をしていただいているのに、ゲームをしたらいけない」と考え、「監督の家でも良い子でいないといけない」と振る舞っていたそうです。「良い子でいなければいけないというストレスと、エースで頑張らなければいけないというプレッシャーのせいでそうなったのか」と選手に聞くと否定していました。

治るのに半年間ほどの時間を要したのは、私のサポート経験の中では最も長くかかった例です。2年生の時にはあまり試合に出られなかったと思いますが、3年生の時には活躍することができました。この選手は大学生や社会人の時にも何度か来ましたが、話しをすると明らかに以前のような症状ではなく、変な打ち方になった時に、「もしかしたら」と不安になっているだけでした。

周りの人の言葉でなってしまう「思い込みイップス」。自分のできることをやればいい

私が相談に乗ったほとんどの選手は防衛機制のイップスではなく、「思い込みイップス」でした。変な打ち方をした時に周りの選手から「おまえイップスじゃないのか。イップスはやばいぞ」と言われて、自分が「イップス」と思い込んでいる人で、実際にはたまたまそうなっただけで、イップスではありません。

「思い込みイップス」で私のところに来るのはプロ野球選手にもいました。プロ野球のピッチャーは打者の頭にボールをぶつけると「一発退場」になります。それを経験したピッチャーのほとんどが「思い込みイップス」になってしまいました。

本当は単なるコントロールミスで打者の頭にぶつけてしまったのに、周りの人が「おまえイップスになったのか」と心配し、それによって本当に投球ができなくなるのです。メンタルサポートで球団に行った際に、周りのトレーナーの人に「あの選手に対して、イップスじゃない

の？とか言ってませんか」と聞いたら、「言ってます」という答えが来たので、「その選手に対してイップスという言葉を使うのを禁止してください」と注意しました。ところが、その場にいなかったトレーナーがあとで部屋に入ってきて、その選手に「おい、イップス！」と肩をたたいていました。私は「ほら、やっぱりイップスという言葉を使ってるわ」と怒りました。

たまたまコントロールが乱れた時に「イップスじゃないの？」という言葉を周りの人が使って、その言葉を選手が過剰に気にすると症状が現れます。「あなたはイップスになるような人じゃないから大丈夫」と説明すれば、ほとんどの選手は問題なくプレーができるようになります。

ある事例として、寮生活をしている選手が人間関係に悩んで、イップスのような症状になったケースがあります。その場合は寮から出て、実家から通いだしたら治りました。またストレスが打球動作でないところに現れる人もいます。陸上競技の選手でまっすぐ走れなくなった人もいましたが、良いイメージだけを考えて練習していったら徐々に良くなっていった例もあります。

プロ野球では中継ぎのピッチャーで、リリーフで出場する際に嘔吐《おうと》感に襲われる人もいました。「先生、吐《は》いてしまったほうが楽なんでしょうか、我慢するべきでしょうか」と聞かれたこともあります。その選手には「結果を気にせずにやれることをやれば大丈夫」と言い聞かせまし

元世界代表の坂本竜介さんは2013年に現役を退く時に「ドイツから日本に戻り、日本リーグに参戦した時からイップスだった。サービスがうまく出せなくなった」と卓球王国のインタビューで告白した

た。それは極度のストレスが嘔吐感という体の症状に現れるケースです。ストレスで胃潰瘍《いかいよう》になるのとある意味同じことです。

スポーツの世界でイップスのような症状が打球・投球動作に現れるのは、選手自身がその状況（重圧とストレス）から離れたいと思っていることと関係しています。もしくはストレスから逃げたいから言い訳行動としてイップスになる人もいます。まずは良いイメージを持つことから始めるのもひとつの方法ですが、中にはそれさえもできない選手もいます。

実際にイップスになった人は相当につらい思いをします。「大丈夫、大丈夫」と言っても全く効果がない場合は、まずは話を聞いて「つらいよね」と選手に共感していくことから始めます。

「まじめで完璧を求める人」「できないとストレスを感じたり、言われたことをまともに受け止めてしまう人」がイップス症状になることが多く、普通は変なミスをして「イップスかも」と言われても、「何言ってるの⁉ 違うよ」と流せばいいのに、性格が生真面目《きまじめ》な人は「そうかな、おれはイップスかな」と真《ま》に受けてしまう。そういう人が「思い込みイップス」には多いようです。

実際には、「それは君の思い込みだよ。イップスじゃないから」と言うだけで解決する場合が多いのです。ストレスや重圧の場合は、原因がわかったら解決の方法を探り、「今の自分がやれることだけをやろう」と考えを楽にすれば改善されるはずです。

「考える力」を持つ選手が大学、社会人、そして将来強くなる

大学で伸び悩む選手というのは、高校時代に練習や考え方を押し付けられて、自分で考える力を失っている選手

中学・高校である程度成績を残した選手が「大学に行ったけど、あまり強くならなかったね」と言われることは多い。逆に高校までそれほどの実績がないのに、「あの子は大学で伸びたね」

と言われる選手も多くいます。

広島の進徳女子高の中島健太先生は、10年以上前から私のところに選手を連れてくるようになりましたが、最近は私が学校に行くようにしています。

この高校はさほど強い選手が入ってきている印象はないのですが、みんな高校で伸びて、大学に進んでも結果を出しているように感じます。この進徳女子高卓球部の部員は「やりすぎだろ」と思うくらいに礼儀正しい選手たちです。「やりすぎ」というのは卓球部の副顧問の先生にも、中島先生にも言ったことがあります。

挨拶《あいさつ》や礼儀というのは心からするものだと思います。挨拶すること、礼儀正しいことが強制的に、厳しく義務付けられるのはおかしいので、「やりすぎ」には疑問を感じますが、この高校の選手たちは練習場だけでなく、外で会ったり、試合場で会った時でもきちっと挨拶してくれます。つまり、強制的にというよりも、その意味がわかって挨拶しているのでしょう。

それは大学に進んだとしても、先輩や仲間から好かれて、人間関係を良好に保てることにつながります。大学のチームに入っても「生意気だ」と思われずに、先輩や仲間が受け入れてくれるし、彼女たちも仲間を思いやることができているはずです。

進徳の選手たちと面接をすると、「先生はこう言うけど、私はこう思う」という言葉を発します。これはただ単にやらされている選手たちではない証拠です。つまり、高校の時から「考える習慣」がついていて、選手同士でもそういうことを話しているのではないでしょうか。

大学で伸び悩む選手というのは、高校時代に練習や考え方を押し付けられて、自分で考える力を失っている選手です。逆に高校を出て大学や社会人で伸びる選手というのは、高校時代に「考える力」を植え付けられた選手のように思います。

強い学校で厳しくされた選手の多くは、練習時間も長かったせいか、遊びたい気持ちもあるでしょう。そして、大学ではつきっきりの指導から解放されて、自分である程度練習内容を考えたり、自主的に練習に取り組むケースが多くなります。「考える力」を持った選手こそが大学、社会人でも伸びていけます。

強い高校の中には練習をやっても、やっても強くなれないと感じたり、団体戦にも使ってもらえない選手がいます。ただ指示されるがままに練習をやって、強くなりたいというエネルギーが小さければ壁を突き破れないでしょう。

進徳の中島先生は、メンタル面、技術面、体力面に関して、外部の方の意見を取り入れています。逆に自分自身は嫌われ役をやっているのではないでしょうか。選手たちに外部の人の意見を与えることで、選手たちの「自分で考える力」が養われていると思います。

「おれの言うことが全部正しい。他の人の言うことは聞かなくても良い」という指導者であれば、選手は自分で考える習慣もないために、大学などで伸び悩む結果になることが多く

2023年インターハイでの進徳女子高のベンチ。アドバイスを送るのは中島健太監督（左端）

なります。

進徳の中にも「卓球は嫌いです」と言う子もいました。聞くと、「親との約束で高校までは続けるから、高校が終わったら卓球をやめます」と言うのです。私は、「あなたが嫌《きら》いなのは卓球ではなく、親や指導者に、ああせえ、こうせえと言われるのが嫌《いや》なのであって、卓球が嫌いではないと思いますよ」と言いました。「ああせえ、こうせえ」と言われて、試合で負けると、「なんで負けたんや、おれの言ったとおりにしないからや、と言われるのが嫌いなのではないですか」と聞きました。

本当に嫌いなら早いうちに卓球から離れているでしょう。結局、この選手は大学に進んで活躍しています。この選手にとって嫌いなのは卓球ではなく、他のことだったわけです。

選手に「考える力」を持たせることが指導者の役目のひとつだと思います

強豪校にいて、出番の少ない選手が大学に入ってから爆発的に成長するケースがあります。名門校の中で「頑張っても意味がない」と腐《くさ》ってしまう人もいれば、その時にはまだ力が十分でなくても、コツコツ頑張って、いつかエースになる、いつか成績を出せると信じてやる人もいます。後者のタイプは、強い大学に行けば、またエース級の陰に隠れると思い、意図《いと》的にさほど強くない(チームメイトとバッティングしない)チームを選ぶこともあります。２０２３年の全日本大学総合選手権(個人の部)シングルスで優勝した岡野俊介(朝日大・愛工大名電高卒)も後者のタイプだと思います。

とは言え、ひとりで苦難を乗り越えていくのは容易ではありません。高校の指導者の言葉がけや、大学の指導者の言葉がけがないと難しいと思います。

強いチームで出番の少なかった選手にとっては、自分が輝けるチームを選んで、そこに活躍する場があり、そのうえで日本のトップを目指すことも良いのではないでしょうか。

大学で伸びる選手は「考える力」を持っている選手。小学校の時から付きっきりで指導を受けてきた選手は大学で「ひと休み」となる可能性もあると思うので、選手に「考える力」を持たせることが指導者の役目のひとつだと思います。

「考える力」を持たない選手では、高校卒業後の選手生活で成績は残せないでしょう。将来伸びていってほしいと思うなら、「考える力」を育てることが重要です。大学や社会人のレベルでは、指導者に指示・命令されるのではなく、自分で試合を組み立て、戦術などを考えなければ成績を残せないのは明らかです。

練習中、試合中にワーワー、ガミガミと注意する指導者がいます。そういう環境で育った選手は伸びるのが難しい傾向があるけれども、「考える力」を育てるような指導を受けている選手、もしくはそういう力をもともと持っている選手は、ジュニア時代だけでなく、シニア（一般）のレベルになっても強くなっていける選手だと思います。

2023年の全日学で優勝した岡野俊介（朝日大）。愛工大名電高時代は、谷垣佑真、篠塚大登、濵田一輝という強い同級生の陰で目立たなかったが、朝日大に進んでから花開いた

第6章

勝者と敗者のメンタル

What's SPORTS MENTAL?

OKAZAWA, Yoshinori

打たないで後悔するのか。打って反省するのか。攻めるんだ！

「反省はしても後悔はしたくない」
打つべき時に打たなければいけない

プロ野球選手のメンタルサポートをやっていた時に、ある選手に試合前に話を聞きに行ったことがあります。「大丈夫か？」と聞くと、「大丈夫です」と答えたので、「君の顔に『ウソ』と書いてるで」と言ったら、そこで初めて「今度ヒットが出なかったら来季は戦力外になると言われました」という答えが返ってきました。プロ選手としては深刻な状況です。

「技術は急に身につかないけど、メンタルは変えられる。今は君のメンタルが落ちている。だから、今日はまずバットを振りなさい」と言いました。「技術も体力も急には落ちることはない。君はただバットが振れていないだけだ」。その選手も追い詰められていたのでしょう。「振りますよ、どう振るんですか！」と食って掛かってきました。「おれは技術的なことはわからない。じゃ、君はおれが言ったら、そのとおりにできるんかい！」と言ったら、「ええ!?」という顔になりました。

「君にバットを振らすまでがおれの仕事や。技術は君のほうが知ってるし、それでも聞きたかったらコーチに聞けばいい。おれに聞いたらおれは勝手なこと言うぞ。それでもええんかい!?」と私は言いました。

そして、最後に優しく「おれは君がバットをしっかり振れると信じているし、そこまでは言える。一度やってみよう」と言ったら、「おれ、打てますかね。ホームランも打てますかね」と言うから、「おれは打てると思うぞ。行って来い！」と送り出したら、この選手は本当にその打席でホームランを打ちました。

そして2打席目の前に私のところに来た際に、「先生、おれ、もう一回ホームラン打てますかね」と聞いてきました。「おれは打てると思う。君はそこまでの力を持っているとおれは信じているぞ。結果はわからないけど、おれは君を信じている。行って来い」と送り出したら本当に次の打席でもホームランを打ちました。そして、その後3年間はプロ野球選手として活躍していました。

卓球選手も同じです。「負けるのが怖い、負けたらどうしよう」と、不安ばかりが募《つの》るとラケットが振れないようになることがあります。そのラケットを振らすのが「メンタルサポート」です。柔道は、一度相手に投げられたら、それで終わります。野球は一度振っても、まだ次がある。卓球も1点取られたり、1ゲームを落としてもまだ次がある。だから負けることを極度に恐れてラケットが振れていないとしても、修正がききます。負けること、ミスを恐れている時には「ラケットをしっかり振りなさい」と言ってあげれば良いのです。

プロ野球の選手と話をしていて、「反省はしても後悔はしたくない」と言う人がいました。行きすぎて失敗したら反省をする。「行かなきゃいけないのに行かなかった時」にするのが後悔です。卓球に置き換えれば、打たなければいけないのに打たなかったら後悔をするはずです。いくら後悔を重ねても強くはならない。でも行きすぎて失敗しても反省すれば強くなります。これが1億円以上もらっているようなプロの野球選手の共通した考え方だと思います。

自信を失った水谷隼。「水谷、攻めてごらん、攻めたら勝てるよ」

卓球の世界では年齢の低い子どもが、年齢の高い大人を打ち負かすことは珍しくありません。子どもは年上の人に向かっていけるし、思い切ってプレーできるし、時にはそのまま優勝することもあるでしょう。ところが、年齢を重ねて年上になったり、自分が上位の選手(格上)になっていると、相手が向かってくる立場になります。もしくは「負けてはいけない」という受け身のメンタルになってしまいます。

チームに置き換えても、1年生の時には挑戦する立場で思い切ってプレーできても、上級生になったり、自分がチームのエースという立場になると受け身になってしまう選手もいます。

選手というのは、気持ちの持ち方、考え方で自分を変えることができます。それはその選手が何を目標にしているのかによっても変化します。仮に世界チャンピオン、オリンピック金メダリストを目指している選手であれば、その途中で負けることもあります。

4年に1回開催されるオリンピックに出る選手がいたとします。4年後のオリンピックにその選手が出られるかどうかわからない。ましてやメダルを獲れる保証もない。これが最後のオリンピックになるかもしれない、「ラストチャンス」だと選手は思って、「絶対負けられない」という気持ちになります。よく「オリンピックには魔物がいる」と言いますが、これは「絶対負けられないという自分への重圧」かもしれません。

選手が「絶対負けられない」という心理状態の時には厳しい戦いになります。重圧のかかる大きな大会では良いプレーができずに負けた選手が、翌週のさほど大きくない大会で優勝することがあります。１週間で技術は大きく変わりませんから、変わったのはその選手の心の持ち様なのです。

２０１６年リオ五輪の前に水谷隼に「先生、ちょっといいですか」と話しかけられました。その頃は、彼が全日本で5連覇した後、２大会続けて、決勝で吉村真晴選手と丹羽孝希選手に負けた頃でした。彼に「水谷、まさか自分が弱くなったと思っていないよね」と話しかけたら、「そう思っています。ぼくは弱くなっているのかな」と言ってきました。

そして、私は彼にこういう言葉をかけました。

「そう思ってるから、君は負けるんや。技術と体力は急になくならへんからな。君は弱くなっていない、他の選手が強くなってきているんや。自分が弱くなったと思ったら、自分から攻められへんやろ。君が攻めたら、君はまだ勝つ力がある。みんな強くなってきたけど、君に追いついていない。自分が弱くなったと思って攻められへんから勝手に自滅《じめつ》してるんやない

2016年リオ五輪前に精神的に悩んでいた水谷隼は、メンタルを克服して、攻める気持ちを忘れず、同大会で見事に日本卓球界初のシングルスメダルを獲得した

か。水谷、攻めてごらん、攻めたら勝てるよ」

その後の彼のリオ五輪でのシングルスと団体でのメダル獲得、2021年の東京五輪での混合ダブルスでの金メダル獲得はみなさんも知ってのとおりです。しかし、そんな水谷隼でさえ、あれほど強かった選手でさえも、自信をなくしたり、負けた結果だけを真剣に受け止めるとそのように悩むのです。

調子が悪いと感じる時は相手から攻められることが多くなっています。攻められているから自分が得点できない、勝てない、だから余計調子が悪いと思ってしまいます。

自分よりも強い選手、もしくは格上の選手とやって、勝てそうになった瞬間から「ミスをしたくない」と思い、ボールを安全に入れようとします。決めにいくボールと入れようとしたボールは勢いが違います。入れようとしたボールは相手に狙われますが、逆に相手が入れようとしたボールは狙えます。そして、自分が相手の甘いボールを狙っていくと、今度は相手が無理に決めようとして自滅することも多くあります。

いくら強い選手でも「負けられない」と思った瞬間に守りになり、相手から攻められます。大きな目標があるのならば、その過程で「行きすぎて」「打ちすぎて」負けてもいい。受け身になり、後悔するのではなく、自分から打ちにいき、攻めることで前に進めるのです。

負けた時の態度が大切。なぜ選手は落ち込むのか

負けても落ち込まないで、次の選手を応援できるような選手になろう

負けた時にどういう態度をとるべきか。

このテーマでは、2023年夏の高校野球(甲子園)決勝で慶応高校に敗れた仙台育英高校野球部の須江航監督の言葉を引用させていただきます。

「〝グッドルーザー（良き敗者）であれ〟と。県大会の初戦の前日に（選手たちに）言いました。どこで負けるかわからないから、負けた時に全力で相手に拍手を送ってほしいと。（選手たちが）誇《ほこ》らしかった。これが伝統になって、いつか真の王者になれる日が来たらいいなと思う」

「人生は勝てることなんてほとんどなくて、だいたい負けです。野球を続ける子も続けない子も、それぞれの人生が続いていきます。この負けを敗者復活戦のエネルギーにして、人生に臨んでほしい」（仙台育英高・須江監督）　＊テレビ放映でのコメントより

負けた時の態度と行動はチーム戦においても、ひとりのアスリートとしてもとても大切です。卓球の試合で負けた人がすごく落ち込んで、頭を抱えてベンチに座っている姿をよく見かけます。しかし、誰もがすべての試合で勝てるわけではありません。大事なのは、負けた時の態度だと私は感じています。団体戦で負けたとしても、まだチームメイトが戦っている場合もあります。ふさぎ込んでいる選手がいたら、他の選手の士気を下げてしまうことになります。

だからこそ団体戦では落ち込んではいけません。落ち込まずに次の人に元気を与える、そういう発言や行動をすることがもっとも重要なことで、落ち込んでしまうのは特に団体戦においては

許されないことです。

負けることはしかたがない。誰でも負けることはあります。次の人に、「おれの分も頑張ってね」と伝え、応援もしっかりすることがスポーツを楽しみ、打ち込む人のとるべき行動ではないでしょうか。

「良き敗者」であることはスポーツの世界では大事で、そこにこそスポーツの真髄《しんずい》があります。試合が終わり、負けたチームが勝ったチームに「おめでとう、次も頑張ってください」と言えるとしたら、そんな素晴らしい言葉を受け取ったら、勝ったチームはとてもうれしいものです。それがスポーツの本質ではないでしょうか。

負けてすごく落ち込んで、話もできなくなる人が卓球でも多いですが、負けても次の試合に向けて調整しなければならないものです。負けた後に人を寄せ付けない雰囲気を作ると、周りの人も声をかけられないからサポートできなくなります。

負けた後、その悔《くや》しさをこらえて、次の人の応援をしていれば、自分も次には多くの人に応援されます。子どもたちに対して、指導者やお父さん、お母さんも言葉がけを注意してほしいと思います。勝っても負けても相手をリスペクト(尊敬)できる選手やチームを育てましょう。

トップ選手でも感情を試合後にコントロールするのは難しいものです。勝っている時には良いのですが、負けた時にものすごく落ち込んでしまう選手は良い時と悪い時のギャップが大きくなります。選手は勝ち続けることはできないので、勝っている時よりも負けた時に心をどうコントロールするのかが大事になってきます。

負けて怒られた選手は落ち込む行動に走ることが多い。負けて得るものがたくさんあることを知ろう

いったん落ち込んでしまうと、同じ日に他の試合があっても切り替えが難しくなります。指導者やお父さん、お母さんの子どもたちへの接し方も影響を与えます。

小さい頃から、負けた時にものすごく怒られている子は、大きくなっても負けた時に異様なほど恐怖反応を示すことがあります。小さい頃に負けた時に怒られすぎて、それを落ち込むという行動をとることによって、周り（チームメイト、コーチ、お父さん・お母さん）から慰《なぐさ》めてもらったり、落ち込む姿を見せることで怒られるのが少なくなったという経験を持っていることが多いと思います。そういう経験をしている子は、負けた時に自然に落ち込むという態度になり、「怒られること」を緩和《かんわ》させようとしているのかもしれません。

つまり、負けた時の態度や行動は、負けることへの恐怖、指導者への恐怖につながっていて、そ

2023年1月の全日本選手権男子シングルス決勝。敗れた張本智和は、戸上隼輔の健闘と勝利をたたえた

れはその選手がどういう指導をされてきたのか、どうやって卓球というスポーツに接してきたのかを映し出しているのだと思います。

指導者も、選手に対して「勝つ・負ける」という結果だけで怒ることは良くありません。勝った試合はうれしいけれど、負けた試合では課題がたくさん残ります。

負けた試合でも、いや負けた試合だからこそ、「ここは良かった」という部分を取り出して、そこをもっと伸ばしていけば良い。また負けた試合では課題がたくさん見つかり、改善するべき部分が多く見つかるチャンスです。次に勝つための情報が多くあるので、負けた試合もしっかり分析することが大切です。敗戦には次へのヒントがたくさんあるのだから、負けたことを責《せ》めると、それらのヒントやチャンスを失うことになります。

つまり、負けた時の犯人探し、負けた時の原因探しをするだけで、「だから絶対負けるな」と指摘すると次にはつながらない。試合で負けて落ち込むことで失うものがたくさんあるので、落ち込まないで次に向かっていくようにしたいものです。

悔し涙を流すのはどうなのでしょう。高校野球でも、卓球のインターハイでも悔し涙は見ます。適当にやってきた選手たちが涙を流すことはないはずです。ただ、涙を流すのだけが良いわけではなく、何が悔しかったのか、今の試合はどうだったのかと整理して、「なぜあそこで悔し涙を流すことになったのだろう」と分析しなければなりません。

悔し涙は美しいものだと思いがちですが、そこにはやりきった達成感やうれしさがあるからこそ流せるもので、泣けばいいというものではないと思います。

石川佳純さんの以前のインタビューで「最後の全日本選手権でベスト4に入り、優勝はできなかったけれども表彰台に立った自分をうれしく思った」という言葉も素晴らしかった。石川さんのこれから生きる力につながっていくのだと思います。

試合で負けることはマイナスだけではない。負けて学ぶものがたくさんあります。だからこそ、負けて落ち込むだけでなく、前を向きながら「負けを受け入れる」ことを実行してみてください。

壁を破れない選手がいる。目標の前で守りにならずに「心の壁」を越えていこう

「10秒の壁」は「心の壁」だった。
誰かが破ると他の選手も次々と壁を越えていった

以前、私の研究室に水泳の五輪代表だった人が大学院生として在籍していました。彼女は五輪の本大会では予選敗退でした。なぜ自分がそれより上に行けなかったのかを考えていて、彼

女が大学院を修了する時に「なぜオリンピックで上に行けなかったのか、その答えは見つかりましたか?」と聞きました。そうしたら、彼女はすぐに「目標が低すぎました」と答えました。五輪代表になることが彼女の目標だったために、五輪代表になった時点で満足してしまい、その上のメダル獲得に目標を変えられなかったのです。

たとえば、陸上競技の男子100mで日本選手は長く10秒を切れませんでした。「10秒の壁」を日本人が作ってしまっていたのです。ところが桐生祥秀選手が10秒の壁を破ると、次々に他の日本選手がその壁を破っていきました。人間が作った10秒という「心の壁」を人間が越えていった例です。10秒というのは物理的な限界値ではないのに、破れないことで選手たちは「心の壁」を作り、そして誰かが壁を破ると、他の選手の壁もなくなり、次々と10秒を切れるようになるのです。

私がサポートした長距離走の選手がマラソンに出ました。その選手は「後ろの選手に抜かれたらまずい」「何位までに入ったら国際大会の代表になれる」と思いすぎて、「後ろの選手が気になってしかたない」と言うのです。そういう心理状態では良い走りはできません。「後ろを気にせずに、目の前のランナーをひとりずつ追い抜いていくことに集中しよう」とアドバイスしました。

ドラフトで指名され、プロ野球の世界に入ってくる新人選手の中にも、プロ野球の球団に入っただけで満足している選手がいます。本当に大事なのは試合に出て、良い成績をあげて、1年でも長くプロ選手としてプレーすることなのに、プロ球団に入った時点で満足する選手ではあまり期待できません。

プロ球団に入った選手に対して、「何のためにあなたは頑張りますか」と聞くと、「お金を稼《かせ》ぎたい、良い車を買いたい、高い車に乗りたい」と言う選手もいます。ある時期に物質的なものを目標にすることもあるでしょう。しかし、本来は野球が楽しい、もっと良い成績を出したいという目標があるべきです。目標をどこに置くのかが大切ですが、それを言うと「何言ってんの、このオッサン」という目で私を見る選手もいます。

スポーツ選手はどこに自分の目標と夢を設定するのかが重要です。なぜならば、その夢や目標があるからこそ苦しい練習に耐えられるのです。

「負けられない」という心理は、失敗のイメージを作り出す。攻められなくなり、逆転されることが多くなる

卓球の県大会や全国大会でも、いつもランク(ベスト16)決定で負けるとか、ベスト8決定で

負ける選手がいます。ランク入りを目標にしたら、ランク決定戦はその選手にとって「負けられない試合」になります。そうすると負けないための作戦になり、守りに入ってしまいます。目標がもっと上にあれば、ランク決定戦は通過点の試合なのでもっと積極的にプレーができます。このケースで考えるべきは目標の設定の仕方です。

いつも全国大会のランク決定戦で負けるA選手のメンタルサポートをしたことがあります。この選手に「目標はどこですか?」と聞くと、「優勝です」と答えていました。それでもベスト16の壁を破れません。

ある日、ざっくばらんに「あなたの本当の目標を言ってみたら? 本当はベスト16に入ることじゃないの?」と聞くと、驚いた様子で「なんでわかるんですか」と言いました。普段はコーチや監督の手前、「優勝を目標にします」と口には出していたけど、心の中では「ベスト16に入りたい」と思い続けていたのです。「ベスト16に何の意味があるの?」と聞くと、「次の大会で(予選なしで)推薦してもらえるから」と答えました。「まずはベスト16とかを意識しないで、今何回戦の試合をしているのかを考えないでやりなさい。目の前の試合に集中しましょう」とアドバイスしました。

ところが、順調に勝っていたA選手に、私は途中でうかつにも「もう入賞したんちゃう?」と聞いてしまい、すごく怒られてしまったことがあります。「先生、言っていることと、やっていることが違いますよ。私には目の前の試合に集中しろと言ったじゃないですか」と言われ、私はA選手に謝るだけでした。しかし、その選手は目の前の試合に集中したことで、破れなかったベスト16の壁を越え、見事、全日本ジュニアで入賞（ベスト4）しました。

「県大会でベスト4に入りたい」「なんとかインターハイに出たい」と思いすぎて、いつもその目標達成がかかった試合で負けてしまい、壁を破れないチームや選手は多いと思います。「インターハイに出たい」だけが目標になると、大事な試合で守りに入ってしまいます。大事な決戦で「負けられない」と思いすぎて、失敗の少ない作戦を採用し、攻められなくなります。

「負けられない」という心理は、「失敗しないようにしよう」というイメージを作ります。しかし、これはむしろ逆効果で、失敗のイメージが頭の中にあるために、9－5、10－6とリードしても、そこで攻められなくなって、逆転されることが多くなります。

また、「地区大会を突破して県大会に行きたい」、もしくは「県大会で勝って全国大会に行きたい」ということを目標にすると、実際に目標を達成した瞬間に満足して、県大会や全国大会に行ってもすぐに負けることがあります。目標を達成した時点で、次に向かうモチベーションが下がっているからです。それならば「県大会に行って1勝するぞ」「全国大会に行って1回戦を突破するぞ」という一段階上の目標を設定すれば良いのです。

その時に「今できることはなんだろう」と自問すれば良いでしょう。一度、壁になっていた目

2023年1月の全日本選手権で優勝した戸上隼輔（右）と早田ひなは、卓球王国のインタビューで「この全日本は通過点」と口を揃えた。彼らの目標はさらに上に設定されていた

標を破れば、次からはその設定した目標を越えるのが当たり前になります。越えた時点で新たな目標を設定すれば良いのです。

ランク入り（ベスト16）が現実的な目標ならば、設定するのはもう少し上の入賞（ベスト4）でも良いのです。ランクに入ったこともないのに、いきなり優勝を目標にすると絵に描いた餅《もち》のようになります。逆に、常にランク入りだけを目標にしていると、その決定戦で勝ちを意識しすぎてしまいます。

オリンピックに出たことのない選手が、いきなりオリンピックの金メダルを目標にしたら現実的ではないので、「今できること」を考えます。オリンピックでの優勝は夢としては良いけれど、その夢に向かって日々の努力はなかなかできません。具体的にできることを目標として設定して、大きな夢に向かっていかなければなりません。

私は、小学生の前で講義する時には「金メダルを獲るのは君たちだ」と話をして、夢を語ります。しかし、そのためには全日本でここまで勝つとか、現実的な目標を設定しないといけません。「そのためにどうしたらよいかを考えましょう。そのために、あなたは今何ができますか」と問いかけると、子どもたちは乗ってきます。

自分の目標をどこに設定するのかは大事なことです。同時に、どこに設定するかによって選手自身が「心の壁」を作ることにもなります。「心の壁」は親やコーチが作っているのではなく、あなた自身が作っているのです。

　現実的な壁があるとすれば、その少し上の目標を立ててみましょう。そうすることで、心理的な壁を破ることができます。試合での心の壁は考え方ひとつで越えていけます。ミスすることを恐れずに、攻める気持ちを持ち続ける。そして、今できることに集中すれば、心の壁はなくなるのです。

ダブルスのメンタル。「すみません」は禁句

ミスした時に落ち込んだ気持ちを切り替えるアクションを作る

私は卓球やバドミントンでダブルスのメンタルサポートをやったことがあります。通常はチームのメンタルサポートを行う時には一対一の面談をやるのですが、ダブルスで悩んでいる

チームや個人に対して、「ダブルス面接」をやります。

これはダブルスを組んでいる二人と私の3人での面接です。

あるバドミントンチームのケースですが、ダブルスがなかなか勝てずに、ボロボロになって、組んでいる二人が話もしなくなったと監督から相談を受けたことがあります。

ダブルスでは二人とも上手《うま》くやりたいと思っているし、お互いがわがままを言っているわけではないのに、二人がそれぞれ「自分がミスをして責《せ》められている」とか、「気持ちが通じない、何か言えば気まずくなるから」と、だんだんコミュニケーションを取らなくなっていくことがあります。

「ダブルス面接」をする前に、私はそれぞれの選手と個別面談をしているので、何が問題なのかをそれとなく聞いています。ひとつの解決方法として、たとえば、失点した時でも、気持ちを切り替える動作を作ります。それは二人でハイタッチをするとか、気持ちを切り替えるためのアクションを作るのはどうでしょうか。

シングルスで選手がひとりで戦っている時にはセルフトークのように自分自身に対して「頑張れ」「まだまだ、これからだ」と語りかけますが、ダブルスの場合はミスした時の落ち込んだ気持ちを切り替えたり、迷いを振り払うように「さあ、行くぞ！」という意味を込めてハイタッチのようなアクションをすると良いでしょう。得点をした時には自然にガッツポーズが出たり、声も出ますが、失点した時にこそ、二人で決めたアクションを起こすことで気持ちをひとつにしていくのです。

「何か二人でそういう合言葉《あいことば》のようなアクションを作ろう」と言うと、普段はあまり話もしなかった二人が、目の前で笑いながらやり始めるのです。監督が遠くから心配そうに見ていて、後で「あの二人、笑っていましたね」と言ってきたりします。ボロボロだったこのダブルスは、インターハイでベスト8に入りました。

男子の名門校でも「ダブルス面接」をやりましたが、男子は女子よりもダブルスでの問題は少ないと感じています。女子選手のほうがチームメイトに気を遣《つか》ったり、ダブルスのパートナーにも気を遣いすぎて、ダブルスでのストレスをためやすい傾向があります。男子選手の場合、パートナーが自分に気を遣っているとあまり考えずに、パートナーがミスしても、「まあ、しょうがないな」と考える人が多いのではないでしょうか。

ミスするたびに「すみません」と謝ることは何のプラスにもなりません。勝ちにいくムードを作ろう

ダブルス面接でこう話したことがあります。

「ダブルスは1+1が2ではなく、3とか4になることもあるし、1+1が1以下になることもある。自分がミスしても『すみません』と言わないでください」

ダブルスの場合は、自分がミスしても、その前にパートナーが送ったボールのせいでミスをすることもあるのだから、自分がミスをしたとしても、いちいち謝る必要はない。謝ることで気持ちもネガティブになってしまいます。失点は打った人のミスではなく、二人のミスなので謝るのはやめましょう。

シングルスならば自分が落ち込んでいったらなかなか止められないけど、ダブルスの場合はひとりが落ち込んでも、もうひとりが声をかけたり、肩をたたいたり、励ますことで気持ちをポジティブに変えていくことができます。

学生のダブルスでは、学年が違う選手同士がペアを組むことがあります。この場合、年下の

選手が嫌がる傾向が強く出ます。後輩がミスした時に、先輩がチラッと後輩を見るだけでストレスが強くかかるからです。後輩の選手は勝手に、自分が怒られていると思ってしまいます。メンタル的には同学年が組むのが良いのでしょうけど、実際にはそうはいきません。

学年が違うペアの場合は年上の選手のほうが年下に気を遣い、励ましたり、声がけをすることでペアの良いムード作りをするほうがうまくいきます。

練習の時も先輩と後輩が組んだら、ミスをするたびに後輩が「すみません」と謝り続けることがあるようです。ミスするたびに謝ることはペアにとっては何のプラスにもなりません。そういうことは「ダブルス面接」をやることで改善できます。練習の時から「すみません禁止」というルールを作ってみてはどうでしょうか。

一般的には、チームにメンタルサポートをする人はいないでしょうから、監督やコーチ、キャプテンが「ダブルス面接」をやることで、コミュニケーションを取るきっかけを作ったり、ダブルスにおける悩みを解消することはできると思います。

ミスした時に二人がどういう行動を取るのか。ダブルスのミスはどうしても弱い選手のほうが多くなります。そこで弱いほうの選手が責められたり、ストレスを抱えることになります。ある高校のインターハイに出るようなチームでは「もう卓球をやめたい」と打ち明けた選手もいました。「ダブルスでは体が震えるくらい緊張する」と言っていました。

ダブルスを組んでいる二人がしっかり話し合うことがベストですが、普通は二人でじっくり話し合う機会はあまりないものです。コミュニケーションを取らないまま、ミスしている弱い選手のほうがどんどん落ち込んでいくのです。そこで第三者的に、監督、コーチ、キャプテンなどが一緒に3人で「ダブルス面接」をすることでストレスを和《やわ》らげることもできます。

ダブルスの二人はともに試合で勝ちたいと思っています。勝ちにいこうとしている時にミスしたほうが「すみません」「ごめんなさい」と言ってばかりいたら、勝ちにいくムードにはなりません。だからミスした時に犯人探しをしないこと。勝てるダブルスというのは二人が勝利という目標に向かって一緒に戦っていける姿勢を持っています。

1＋1が3にも、4にも、5にもなるペアというのは、普段100の力を持っている人が、時に120くらいの力をダブルスで発揮できるペアです。ダブルスであればパートナーの人が100の力を120まで引き上げ、想像もしないような力を発揮することができるのも卓球のダブルスの魅力だと思います。

TOKYO 2020
TOKYO 2020

2021年の東京五輪の混合ダブルス決勝。実力のある水谷隼と伊藤美誠が、お互いの力を引き出し、金メダルを獲得した瞬間

「アンガーマネジメント」、選手は試合中の怒りをどう抑えればいいのか

試合中に怒ることは何のプラスもない。一度そこで深呼吸をしてリセットしよう

最近、相談を受けることが多いのは、「アンガーマネジメント」(イライラや怒りの感情をコントロールする方法)です。指導者が選手に対して怒りをぶつけて、体罰やパワーハラスメントとして問題になることもありますが、今回は選手が試合中やコート外での怒りをどのようにコ

ントロールするかを考えてみましょう。

試合中に怒りをコントロールできなくなり、ラケットを投げたり、台を蹴《け》ったり、ラケットを折る人もいると聞きます。アンガーマネジメントによって、選手がいかに怒りを抑えることができるのか。試合中であれば、自分自身で怒りをコントロールできないと試合をうまく進めていくことはできません。

試合中に感情を制御できない人は、そこでなぜ自分が怒りたくなるのかを探ってみる必要があります。おそらく、自分が思い描いたことが試合の中でうまくできず、自分の思ったような展開にならないためにイライラして怒りを覚えて、それがだんだん大きくなると抑えられなくなってしまうのでしょう。

そういう時は「しゃーない（しょうがないな）」と考えてみましょう。試合中に選手が腹を立てるのは、できなかった自分に怒っているのです。「しょうがないな」と考え、一度そこで深呼吸をしてリセットしてみると良いでしょう。

怒りを爆発させたら、試合がメチャクチャになり勝利を逃すパターンはよくあります。試合中に怒ることはマイナスのことがあっても、プラスになることはありません。

また、ある選手と話をした時に「Aという選手はネットインやエッジボールにすぐに腹を立てて、プレーがおかしくなるから、わざとネットインやエッジを狙います」と話していました。

もちろん、よほどの上級者でもネットインやエッジボールは狙ってもできないので、この作戦の難易度は高いし、おすすめできませんが、ネットインやエッジボールをされた選手のほうは、努めて冷静に構え、怒りを抑えなければなりません。

実際の試合ではわざとネットインやエッジボールをしているわけではなく、卓球においてネットインやエッジボールは必ず起こり得ることです。それに腹を立てても良いことはありません。

そういう場面で、相手に怒ってもしょうがないことであり、ましてや怒りのあまりに相手を威嚇《いかく》するような態度や言葉を発するのは、スポーツマンとしてはやってはいけない行為です。怒りというのはいわゆるメンタルが「切れる」状態なので、その瞬間に集中力も切れてしまいます。

怒りが込み上げてきた瞬間に、「しかたない、しょうがない」と思えばいい

日本選手は感情を押し殺して、我慢する人が多くいるので、実際に試合中にアンガーマネジメントを必要とする人はあまり多くありません。

五輪金メダリストの馬龍はミスした時にいらだちを見せるも、自分を鼓舞するポーズが多い

逆にヨーロッパの選手は感情表現が豊かで、起伏《きふく》も大きいために怒りが爆発して、ミスをしてラケットを投げたり、大声で叫んだり、台を蹴ったりするという話を聞いたことがあります。その怒る姿を見て萎縮《いしゅく》する人もいるでしょうが、ヨーロッパの人は怒っても切り替えて次の行動に移れる人が多いようです。

イライラや怒りをコントロールできない人はある一定数いて、あまりにひどい場合は専門の医師に相談すべきですが、ほとんどの人は私のようなメンタルサポートで改善されます。

一方、試合中だけでなく、普段の練習から怒りを他人にぶつけてしまう人もいます。話を聞いていくと、小さい頃に厳しく怒られて育った人がそうなる傾向があるようです。

また負けることへの恐怖反応が強い選手も多くいます。「負けると親や指導者に怒られる」という恐怖心を持った子は、恐怖から逃れるように物に当たったり、他人に当たったりするケースもあります。

試合の中でやろうとしてできなかったのであれば、怒りが込み上げてきた瞬間に「しかたない、しょうがない」と思えばいいのです。今回うまくできなかったことも、次の時にはうまくやれるように日々の練習で改善すればよいでしょう。

選手が怒っている姿を、指導者、もしくは親が目撃しているのであれば、いったんその怒りを抑えさせなければなりません。試合中であればタイムアウトを取って、「大丈夫だよ、しょうがない。ひと呼吸おいてプレーしよう」と言葉がけをすることも有効です。

アンガーマネジメントではよく「6秒ルール」と言われます。つまり、ひと呼吸おいたり、深呼吸をすると、怒りは収まることがほとんどです。試合中の怒りは瞬間的なものなので、本人も怒ることは良くないとわかっていても、感情を抑えられないことがあります。その時に数秒間、呼吸を整えれば落ち着きます。

卓球は心理的な戦いの競技です。落ち込みそうな時に自分を鼓舞することが大切ですが、怒ってメンタルが乱れそうな時には数秒間、間を空けて、深呼吸をして落ち着きを取り戻すことを心がけてみましょう。

「負けられない重圧」と「試合を楽しむ」こと

「負けたら帰れない」と言って、実際に帰ってこなかった人はいない。気持ちを緩めてあげる必要がある

よく昔の日本代表の人たちは、世界大会やオリンピックに行く時に「負けたら日本に帰れない」という必死の決意で大会に臨《のぞ》んだという話を聞きます。

実際、私も卓球競技が初めて行われた1988年のソウルオリンピックでは帯同サポートをさせていただきましたが、出発直前に選手が「負けたら帰ってこれない」と話しているのを何度も聞きました。

このストレスをなんとかしなければと試みましたが、ダメでした。「オリンピックを楽しみましょう」と言いたかったのですが、そんなことを言える雰囲気ではありませんでした。

おそらく今の選手も多かれ少なかれ、プレッシャーを感じて大会に臨んでいるはずです。しかも、メダルの期待が大きければ大きいほど重圧がかかります。

それはオリンピックだけでなく、インターハイや全国中学校大会などでも同じような体験をする人は多くいるでしょう。選手本人が気にしないようにしても、周りの人の期待を強く感じてしまうと、重圧がかかります。選手本人が使命感に燃えている場合、自分自身を追い込んでパニックに陥ってしまう選手もいます。

「負けたら帰れないぞ、引き締《し》めていくぞ」と言うのではなく、自分を追い込んでいる選手には「試合を楽しんできなさい」と言ってあげるべきなのです。

実際に、今まで試合に負けて日本に帰ってこなかった選手はいません。選手を精神的に追い込んで結果が出るならそういうやり方も良いでしょうが、日本を代表するとか、全国で優勝を狙う選手たちというのは、そういうレベルの選手ではないはずです。

プレッシャーがかかっている選手に対しては気持ちを締めるのではなく、気持ちを緩《ゆる》めてあげる必要があると思います。

「試合を楽しむ」という言葉は、自分を信じて思い切り攻めてきますという気持ちが込められている

卓球で思い出してみると、2021年の東京五輪の際、大会前や大会中のインタビューをテレビで見ていたら、伊藤美誠さんが「試合を楽しみたい」と言っているのを何度も見ました。それを見ていて、逆に相当追い込まれているんだろうなと感じました。

自分で必死になってメンタルをコントロールしているのだと思っていました。あの重圧に押しつぶされることなく、自《みずか》らの「楽しむ」という言葉でメンタルをコントロールした伊藤さんの東京五輪での戦いは素晴らしかった。だからこそ、その中でメダルを獲った彼女を見て、「伊藤美誠は本当にすごい選手だ」と思いました。

多くの選手が伊藤さんと同じように、「大会を楽しんできます、試合を楽しんできます」と言うようになってきました。この「楽しんできます」という言葉は、「自分でやれることに思い切

2021年の東京五輪では混合ダブルスで金メダル、女子シングルスで銅メダル、女子団体で銀メダル獲得という素晴らしい成績を残した伊藤美誠

りチャレンジしてきます。結果を心配するのではなく、自分を信じて思い切り攻めてきます」という意味でしょう。「楽しむ」という言葉には、実行するためのエネルギーを与える力があると思います。

伝統校で、全国大会に行くのが当たり前のチームの選手と試合前に話をすると、「もし自分がこの団体戦で負けたら全国大会に行けなくなる」と不安を口にする選手がいます。そういう時には、「あなたのせいで県の代表になれないわけはない。あなた以外の誰かが負けなければそうならない。全部自分の責任だと思わないでプレーしましょう」と言います。

「自分が負けたら全国に行けなくなる」というような消極的な気持ちになると、そう考えるだけでガチガチになるでしょう。

逆に「この状況で挑戦できることが楽しいことなのだ」と思ってみてはどうでしょうか。チームメイトが負けたら、その分も頑張って他の選手が勝ちに行けばいいのです。自分が負けたらどうしようとネガティブに考えることはやめましょう。

監督が選手を勇気づける「最高の言葉」が、「楽しんできなさい」

監督も試合本番で怒ってばかりいてはだめだと感じている人は多いと思います。ほとんどのチームにはメンタルサポートをしてくれる人はいませんし、普段の練習では、監督・コーチの仕事は叱咤激励しながら、「できない」ことをやらせることなのです。

ただし、選手と話し合う「会話の扉《とびら》」は開けておくべきです。すべてを命令でやらせるのではなく、選手と話し合い、選手が納得して練習をやってこそ、練習効果が発揮されるのです。

選手と話し合える監督がいて、選手たちが自分の頭で考えられるチーム作りが重要です。そして負けられない代表戦や全国での大事な試合の時に、選手と監督との信頼関係があれば、監督の言葉は選手を勇気づける「最高の言葉」になります。その最高の言葉が「楽しんできなさい」だと思います。

他の競技を含めた日本代表の「パリオリンピックを楽しみたい」という言葉は、重圧の裏返しでもあります。どういうレベルの選手でも試合になれば緊張します。それが学校代表、県代表、日本代表となれば計り知れない重圧がかかります。

「試合を楽しむ」ことは、つまり重圧に立ち向かい、挑戦して克服する経験をすることです。だから、その他の人が経験できないことをやれる楽しさ、という言葉に置き換えられるのかもしれません。

あとがきに代えて

1982年から卓球ナショナルチームのメンタル担当になり、卓球最初のオリンピックであるソウル大会に帯同しました。その後、リオオリンピックまでナショナルチームのサポートをさせていただきました。

現在も中高生を中心に卓球選手のサポートを行っております。このサポートの経験で得た知識を卓球王国の創刊号から連載という形でご紹介をしており、途中中断した時期はありましたが、現在も連載中です。試合や合宿に帯同して、卓球選手や指導者とともに悩みながら得た知識を卓球王国に掲載しております。連載を担当していただいた今野昇さんや小川勇気さんと相談してまとめて、卓球王国の誌面を通して多くの人に伝えることが、卓球界へのお返しだと思って頑張ってきました。長期にわたり連載していただき卓球王国編集部の皆さんには感謝しております。

最初の連載の一部をまとめて『メンタルを考えよう　―卓球に学ぶスポーツ心理学―』（卓球王国刊・絶版）を２００１年に刊行していただきましたので、23年ぶりに出版となる本書が第２弾になります。

本書は卓球選手や指導者を対象にしていますが、卓球で学んだ知識をもとに柔道、野球、ラグビー、テニス、バドミントン、トライアスロン、自転車、ウエイトリフティング、ボブスレー、アルペンスキー、モーグルなどのサポートをさせていただきました。そして、これらのサポートから得た知識を卓球のサポートに生かしています。長年のサポートで多くの経験をともにさせていただいた指導者、選手の皆さまに感謝します。

２０２４年８月　　岡澤祥訓

卓球王国の書籍

読めば誰かに話したくなるオモシロ卓球歴史話!!

マンガで読む 卓球ものがたり1・2

伊藤条太・原作
阿部有軌、アメハシ・作画

親子で一緒に、コーチ＆選手で一緒に楽しめる卓球歴史マンガ。

1・2巻共通
1,430円（本体1,300円）
● A5判　●ソフトカバー
●210ページ

第1巻「卓球誕生と日本伝来」
第2巻「卓球ニッポン、黄金時代」
1巻：ISBN978-4-901638-56-2
2巻：ISBN978-4-901638-57-9

地球上最速の対人競技・卓球の戦略論

卓球王 水谷隼 終わりなき戦略

水谷 隼・著

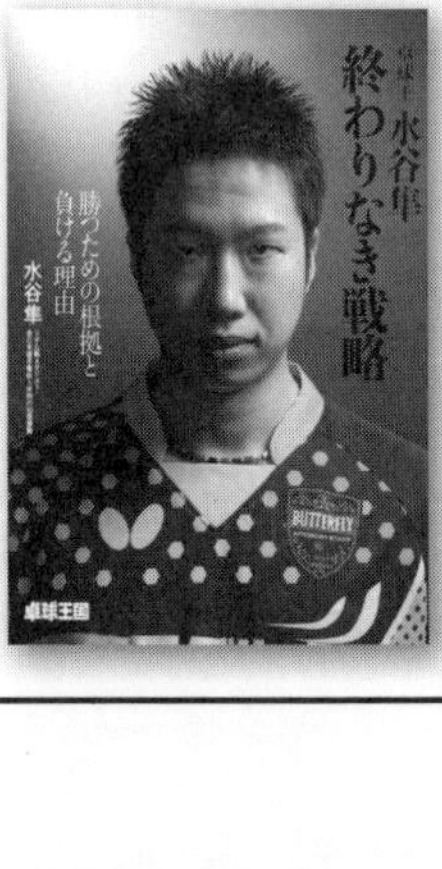

～勝つための根拠と負ける理由～
卓球界稀代のチャンピオン、水谷隼の頭の中を文字化。「卓球王 水谷隼の勝利の法則」「負ける人は無駄な練習をする」に続く3冊目の書籍！

1,870円（本体1,700円）
● A5判　●ソフトカバー
● 256ページ
● ISBN978-4-901638-58-6

著者略歴

岡澤祥訓
おかざわ・よしのり

メンタルトレーナー
奈良教育大学名誉教授

1950年6月12日生まれ。1974年奈良教育大卒業、76年東京教育大学大学院体育学研究科修士課程修了（体育学修士）。奈良教育大教授時代に、日本卓球協会スポーツ医科学委員会スポーツ心理を担当し、オリンピックや世界選手権のメンタルサポートを担当。現在も卓球のみならず、トライアスロン、ウエイトリフティング、水泳の飛び込み、プロ野球などのメンタルサポートを行っている。奈良教育大学名誉教授

装丁・ページデザイン　G's

「勝てない」のはメンタルのせいかもしれない
メンタルって「なんやねん!」

2024年9月13日 初版発行

著　者　岡澤祥訓

発行者　今野　昇
発行所　株式会社卓球王国
〒151-0072　東京都渋谷区幡ヶ谷1-1-1
TEL.03-5365-1771
https://world-tt.com
印刷所　シナノ書籍印刷株式会社

ISBN978-4-901638-61-6　C2075